Stendel

Märchen sind verzauberte Träume.
Wir erinnern uns an sie,
als hätte man sie uns vorgesungen,
während wir in einem langen,
tiefen Schlaf lagen.
(Berlie Doherty)

Ulrike Krawczyk

Schlaf und Traum

Märchen, Brauchtum, Aberglaube

Die Deutsche Bibliothek - CIP-Einheitsaufnahme

Krawczyk, Ulrike:
Schlaf und Traum : Märchen, Brauchtum, Aberglaube /
Ulrike Krawczyk. - Waiblingen : Stendel, 2001
  ISBN 3-926789-35-2

© Copyright 2001 by Verlag Stendel,
Postfach 1713, 71307 Waiblingen
Alle Rechte vorbehalten
Umschlagbild: © Friedrich Hechelmann, ohne Titel
Satz, Lektorat, Konzeption: Verlag Stendel
herausgegeben von Roland Kübler
Druck: Windhueter, Schorndorf
Bindung: Nething, Weilheim
1. Auflage August 2001
ISBN 3-926789-35-2

Einführung	7
Die Traumbuche	9
Der schlafende Hof	21
Der goldene Dragoner	27
Vom Prior, der 308 Jahre geschlafen hat	34
Brauchtum und Aberglaube zum Schlaf	37
Die Boten des Todes	41
Wie eine Königstochter sieben Jahre geschlafen	43
Wie Karlsruhe entstand und zu seinem Namen kam	54
Der Faulkönig	56
Die Erweckung der schönen Dörte	58
Brauchtum und Aberglaube zum Alptraum	64
Das Schrattweible von Oberstdorf	67
Wie ein Alp geheilt wurde	68
Der glückliche Martin	69
Der Mann, der nicht schlafen konnte	75
Des kleinen Hirten Glückstraum	86
Vom weißen und vom roten Kaiser	93
Der rettende Traum	104
Brauchtum und Aberglaube zum Traum	109
Die drei Träume	116
Der Traum vom Glück auf der Brücke zu Koblenz	118
Der Traum des Oenghus	120

Der Schlaf und mit ihm die Träume, gehören zu den elementarsten und eigenartigsten Erfahrungen jedes Menschen in jeder Kultur. Seit der Mensch sich seiner selbst bewusst ist, rätselt er über seinen Schlaf und die Träume, welche zu ihm kommen.
Lange Zeit glaubte man, dass die Seele das Organ der Kraft sei und der Sitz der Weisheit, von der der Mensch all sein Wissen erhält. Wenn er schläft, das Leben ihn scheinbar verlassen hat, ist die Seele des Menschen aus ihm entwichen und schweift frei umher, oft in Gestalt eines Schmetterlings oder eines anderen geflügelten Wesens. Beim Erwachen kehrt die Seele in ihn zurück und bringt ihm die Erfahrungen mit, die sie unterdessen gesammelt hat. Aus diesem Grund ist manch einer nach dem Erwachen klüger als vor dem Einschlafen.

Der Schlaf ist die Nabelschnur, durch die der Mensch mit dem Kosmos verbunden ist, und die Urweisheit des Lebens offenbart sich ihm im Traum.
Nicht ohne Grund hat man Märchen einen wachen Traum des naiven Menschen genannt. In Träumen und Märchen wurde ein verborgener Reichtum an Sinnbildern durch die Zeiten getragen und von Generation auf Generation überliefert.

In der Antike war Hypnos (griech.: der Schlaf) der Gott des Schlafes. Er war der Sohn der Nyx (die Nacht) und der Bruder des Thanatos (der Tod). Hypnos war einer der mächtigsten Beherrscher des Weltalls, denn ihm unterlagen Götter und Menschen. Kein Auge blieb offen, wenn

er die Tropfen des Vergessens (Lethetropfen) darauf sprühte oder mit seinen Fittichen einen sanften, schlummerkräftigen Hauch darüber hinwehte.
Hypnos hatte vier Kinder, die Traumgötter Phantasus, Morpheus, Icelus und Phobetor, welche aus seinem Palast bald durch die dunklen bald durch die hellen Pforten zu den Menschen gingen und ihnen entweder düstere oder freudige Träume brachten.

In der Odyssee sagt Homer über die Träume:
„Denn es sind zwei Pforten der schwankenden Träume:
Eine von Elfenbein gemacht, von Horn die andere;
Welche nun durch die elbenbeinerne Pforte hervorgehen,
Das sind Täuschungen nur und trügerische Gebilde;
Die aber aus der glatten und hornenen Pforte hervorgehen,
Die erfüllen sich wirklich dem Sterblichen, der sie geschaut hat."

Die Traumbuche

Hundert Jahre oder mehr ist es wohl schon her, dass der Blitz in sie einschlug und sie von oben bis unten auseinanderspellte, und ebenso lange geht der Pflug über die Stelle. Früher aber stand einige Hundert Schritte vor dem ersten Haus des Dorfes auf einem grünen Rasenhügel eine alte, mächtige Buche, ein Baum, wie jetzt gar keine mehr wachsen, weil Tiere und Menschen, Pflanzen und Bäume immer kleiner und erbärmlicher werden.
Die Bauern sagten, sie stamme noch aus der Heidenzeit und ein heiliger Apostel sei unter ihr erschlagen worden. Da hätten die Wurzeln des Baumes das Apostelblut getrunken; es wäre ihm in den Stamm und in die Äste gefahren, und davon sei er so groß und kräftig geworden.
Wer weiß, ob das wahr ist?
Eine eigene Bewandtnis aber hatte es mit dem Baum; das wusste jeder im Dorf, ob klein oder groß. Wer unter ihm einschlief und träumte, dessen Traum ging unabweislich in Erfüllung.
Deshalb hieß der Baum schon seit undenklichen Zeiten die Traumbuche, und niemand nannte ihn anders. Eine besondere Bedingung war jedoch dabei: Wer sich zum Schlaf legte unter die Traumbuche, durfte nicht daran denken, was er wohl träumen würde. Tat er es doch, so träumte er nichts als Krimskrams und verworrenes Zeug, aus dem kein vernünftiger Mensch klug werden konnte. Das war nun wirklich eine sehr schwere Bedingung, weil die meisten Menschen viel zu neugierig sind. Deshalb misslang es denn auch den allermeisten, die es versuchten. Und zu der Zeit, da die folgende Geschichte sich zutrug, war im Dorf wohl kein einziger, weder Mann noch Frau, dem es auch nur ein einziges Mal gelungen wäre. Aber seine Richtigkeit hatte es

mit der Traumbuche, das war sicher, und das zeigt auch meine Geschichte.

Eines heißen Sommertages also, da kein Lüftchen sich regte, kam einmal ein armer Handwerksbursche die Straße dahergewandert, dem war es in der Fremde viele Jahre hindurch schlecht und übel ergangen. Als er vor dem Dorf anlangte, drehte er zum Überfluss noch einmal alle seine Taschen um, doch es fand sich wirklich kein Heller darin.

Was fängst du nun an? dachte er bei sich. Todmüde bist du, umsonst nimmt dich kein Wirt auf, und das Betteln ist ein beschwerliches Handwerk. Da erblickte er die herrliche Buche mit dem grünen Rasenhügel davor. Und da sie nur wenige Schritte abseits vom Weg stand, legte er sich unter sie, um etwas auszuruhen. Doch der Baum hatte ein seltsames Rauschen, und wie er seine Zweige leise bewegte, ließ er bald hier, bald da einen feinen glitzernden Sonnenstrahl und bald hier, bald da ein Stückchen blauen Himmel durchscheinen. Da fielen dem Burschen die Augen zu, und er schlief ein.

Als er eingeschlafen war, warf die Buche einen Zweig mit drei Blättern herab, der fiel ihm gerade auf die Brust. Da begann er zu träumen. Und in diesem Traum sah er sich selbst, wie er in einer recht gemütlichen Stube am Tisch saß, und der Tisch war sein, und die Stube auch, und ebenso das Haus. Und vor dem Tisch stand eine junge Frau, stützte sich mit beiden Armen auf den Tisch und sah ihn freundlich an, und das war seine Frau. Und auf seinen Knien saß ein Kind, dem fütterte er seinen

Brei, und weil er zu heiß war, blies er immer auf den Löffel. Und da sagte die Frau: „Was du doch für ein gutes Kindermädchen bist, Schatz!" und lachte darüber. In der Stube aber sprang noch ein anderes Kind herum, ein kräftiger, pausbäckiger Junge, und er hatte einen Bindfaden an eine große Mohrrübe gebunden und zog sie hinter sich her und rief immer Hü und Hott, als wär's der beste Fuchs. Und beide Kinder waren ebenfalls sein. So träumte er, und der Traum musste ihm wohl sehr gefallen, denn er lachte im Schlaf übers ganze Gesicht.

Als er aufwachte, war es schon fast Abend geworden, und vor ihm stand ein Schäfer mit seinen Schafen. Da sprang der Handwerksbursche erfrischt auf, dehnte und reckte sich und sagte: „Lieber Himmel, wenn ich soviel Glück hätte! Es ist aber doch schön, dass ich nun wenigstens weiß, wie es ist."

Da trat der Schäfer auf ihn zu und fragte ihn, woher er käme und wohin er wolle und ob er schon etwas von dem Baum gehört habe. Nachdem er sich überzeugt hatte, dass der Handwerksbursche so unschuldig war wie ein neugeborenes Kind, rief er aus: „Ihr seid ein Glückspilz! Denn dass Ihr etwas Gutes geträumt habt, war ja deutlich auf Eurem Gesicht zu lesen; habe ich Euch doch schon lange betrachtet, wie Ihr so dalagt!"

Darauf erzählte er ihm, was es für eine Bewandtnis mit dem alten Baum habe: „Was Ihr geträumt habt, geht in Erfüllung. Das ist so sicher, wie meine Schafe hier vor Euch weiden. Fragt nur die Leute im Dorf, ob ich nicht Recht habe! Nun sagt mir aber einmal, was Ihr geträumt habt!"

„Alterchen", erwiderte der Handwerksbursche schmunzelnd, „so fragt man die Bauern aus. Meinen schönen Traum behalt ich für mich. Das könnt Ihr mir wirklich nicht verdenken. Aber daraus werden tut doch nichts!"

Und er sagte das nicht nur so hin, sondern es war sein Ernst, denn als er nun auf das Dorf zuging, sprach er vor

sich hin: „Papperlapapp, Schäferschnack! Möchte wohl wissen, wo der Baum die Wissenschaft herhaben sollte."
Als er in das Dorf kam, ragte am dritten Haus vom Giebel eine lange Stange heraus, an der hing eine goldene Krone, und unten vor der Haustür stand der Kronenwirt. Der war gerade bester Laune, denn er hatte schon zu Abend gegessen und war rundherum satt, und das war seine schönste Stunde. Da zog der Handwerksbursche höflich den Hut und fragte, ob er ihn nicht um Gotteslohn zur Nacht behalten wolle.
Der Kronenwirt besah sich den schmucken Burschen in seinen staubigen, abgerissenen Kleidern von oben bis unten. Dann nickte er freundlich und sagte: „Setz dich nur gleich hier in die Laube neben der Tür, es wird wohl noch ein Stück Brot und ein Krug Wein übriggeblieben sein. Unterdessen können sie dir eine Streu machen." Darauf ging er hinein und schickte seine Tochter, die brachte Brot und Wein, setzte sich zu ihm und ließ sich von der Fremde erzählen. Dann erzählte sie ihm wieder alles, was sie wusste, aus dem Dorf: wie der Weizen stand, dass des Nachbars Frau Zwillinge bekommen hatte, und wann das nächste Mal in der Krone zum Tanz aufgespielt würde.
Auf einmal aber stand das Mädchen auf, beugte sich zu dem Handwerksburschen über den Tisch und sagte: „Was hast du denn da für drei Blätter an deiner Jacke stecken?"
Da sah der Handwerksbursche hin und fand den Zweig mit den drei Blättern, der während des Schlafes auf ihn herabgefallen war.
„Die müssen von der alten Buche vor dem Dorf sein", erwiderte er, „unter der ich mich ausgeruht habe."
Das Mädchen horchte neugierig auf und wartete, was er wohl weiter erzählen würde. Als er aber schwieg, begann sie ihn sehr vorsichtig auszufragen, bis sie sicher war, dass er wirklich unter der Traumbuche geschlafen hatte. Dann strich sie so lange wie die Katze um den heißen Brei, bis

sie sich überzeugt zu haben glaubte, dass er nichts von der wunderbaren Kraft und Eigenschaft der Traumbuche wisse; denn er war ein Schalk und tat so, als wüsste er gar nichts. Als sie auch damit fertig war, holte sie noch einen Krug Wein, sprach ihm freundlich zu, dass er noch trinken möge, und erzählte ihm alles mögliche, was sie geträumt hätte und wie es doch so schade wäre, dass nie etwas in Erfüllung ginge.

Inzwischen kam der Schäfer von der Weide zurück und trieb die Schafe durch das Dorf. Als er an der Krone vorbeikam und das Mädchen mit dem Handwerksburschen in eifrigem Gespräch in der Laube sitzen sah, blieb er einen Augenblick stehen und sagte: „Ja, ja, Euch wird er schon den hübschen Traum erzählen. Mir wollte er nichts sagen!" Darauf trieb er seine Schafe weiter.

Da wurde das Mädchen noch neugieriger, und als er immer noch nichts von seinem Traum erzählte, konnte sie es nicht mehr aushalten und fragte ihn ganz offen, was er denn geträumt habe.

Da machte der Handwerksbursche, der ein Spaßvogel und durch den schönen Traum übermütig und fröhlich gestimmt war, ein schlaues Gesicht, zwinkerte mit den Augen und sagte: „Einen herrlichen Traum habe ich gehabt, das ist wahr, aber ich traue mir nicht zu sagen, wie er war."

Aber sie drang immer weiter in ihn und plagte ihn, er möchte es doch sagen. Da rückte er ganz nahe an sie heran und sagte ernsthaft: „Denkt nur, mir hat geträumt, ich würde einmal des Kronenwirts Töchterlein heiraten und später selbst Kronenwirt werden!"

Da wurde das Mädchen erst kreideweiß und dann purpurrot und ging ohne ein Wort ins Haus. Nach einer Weile erst kam sie wieder und fragte, ob er das wirklich geträumt habe und ob es sein Ernst sei.

„Gewiss, gewiss", sagte er. „Gerade wie Ihr sah die aus, die mir im Traum erschienen ist!"

Da ging das Mädchen abermals ins Haus und kam nicht wieder. Sie ging in ihre Kammer, und die Gedanken liefen ihr übers Herz wie Wasser übers Wehr: immer neue und immer andere und immer wieder dieselben, so dass es gar kein Ende hatte. „Er weiß nichts von dem Baum", sagte sie zu sich. „Er hat's geträumt. Ich mag wollen oder nicht, es wird wohl so kommen. Es ist nichts daran zu ändern."
Darauf legte sie sich zu Bett, und die ganze Nacht träumte sie von dem Handwerksburschen. Als sie am anderen Morgen aufwachte, kannte sie sein Gesicht schon auswendig, so oft hatte sie es über Nacht im Traum gesehen, und es war ein schmucker Bursche, das ist wahr.
Der Handwerksbursche aber hatte auf seinem Strohlager wundervoll geschlafen. Die Traumbuche und seinen Traum und das, was er am Abend der Wirtstochter erzählt hatte, das hatte er längst vergessen. Er stand in der Gaststube an der Tür und wollte eben dem Kronenwirt zum Abschied die Hand reichen. Da trat das Mädchen herein, und wie sie ihn reisefertig dastehen sah, überfiel sie eine sonderbare Angst, als dürfe sie ihn nicht fortlassen.
„Vater", sagte sie, „der Wein ist immer noch nicht gezapft, und der junge Bursch hat nichts zu tun. Könnte er einen Tag hierbleiben, so würde er sich seine Zeche verdienen und etwas Reisegeld obendrein."
Und der Kronenwirt hatte nichts dagegen. Er hatte schon gefrühstückt und seinen Morgentrunk getan, er war satt, und das war seine beste Stunde.
Doch das Zapfen des Weins ging sehr langsam, und das Mädchen hatte immer dies oder jenes, so dass der Handwerksbursche immer wieder aus dem Keller heraufgeholt werden musste. Als das Fass endlich leer und die Flaschen gefüllt waren, meinte sie, es wäre doch ganz gut, wenn er erst noch etwas auf dem Feld helfen würde. Als er auch damit fertig war, fand sich noch mancherlei im Garten zu tun, woran vorher niemand gedacht hatte.

So verging Woche um Woche, und jede Nacht träumte das Mädchen von ihm. Am Abend aber saß sie mit ihm in der Laube vor dem Haus, und wenn er erzählte, wie es ihm schlecht und übel unter den fremden Leuten ergangen war, kam ihr immer irgendetwas ins Auge, so dass sie sich die Augen mit der Schürze reiben musste.

Nach einem Jahr war der Handwerksbursche immer noch im Haus, und alles war gescheuert, sämtliche Zimmer blitzten, grüne Tannenzweige lagen auf den Böden, und das ganze Dorf hatte Feiertag. Denn der junge Handwerksbursche hielt Hochzeit mit der Tochter des Kronenwirts, und alle Leute freuten sich; und wer sich nicht freute, weil er ein Neidhammel war, der tat wenigstens so.

Bald darauf hatte der Kronenwirt wieder einmal seine beste Stunde, weil er nämlich rundherum satt war. Und er saß, die Tabakdose auf dem Schoß, im Lehnstuhl und schlief. Als er gar nicht wieder aufwachte, wollten sie ihn wecken; da war er tot.

Nun war der Handwerksbursche wirklich Kronenwirt, wie er es im Scherz gesagt hatte, und auch sonst traf alles ein, wie er es unter der Buche geträumt hatte. Denn sehr bald hatte er auch zwei Kinder, und wahrscheinlich nahm er auch einmal das eine von ihnen auf den Schoß und fütterte es und blies dabei auf den Löffel, und sicher fuhr gleichzeitig der andere Knabe mit der Mohrrübe im Zimmer umher, obwohl der, von dem ich diese Geschichte weiß, es mir nicht gesagt hat, und ich es

selbst vergessen habe, ihn danach zu fragen. Aber es muss wohl so gewesen sein, weil das, was man unter der Traumbuche träumte, stets aufs Haar eintraf.
Eines Tages nun, es waren wohl an die vier Jahre vergangen seit der Hochzeit, saß der junge Kronenwirt auch einmal in der Gaststube.
Da kam seine Frau herein, stellte sich vor ihn hin und sagte: „Denk dir nur, gestern unter Mittag ist einer von unseren Mähern unter der Traumbuche eingeschlafen und hat nicht daran gedacht. Weißt du, was er geträumt hat? Er hat geträumt, er wäre steinreich. Und wer ist's? Der alte Kaspar, der so dumm ist, dass er einen dauert, und den wir nur aus Mitleid behalten. Was der wohl mit dem vielen Geld anfangen wird?"
Da lachte der Mann und sagte: „Wie kannst du nur an das dumme Zeug glauben? Bist doch sonst eine so kluge Frau. Überleg dir doch selbst, ob ein Baum, auch wenn er noch so schön und alt ist, die Zukunft wissen kann."
Da sah die Frau ihren Mann mit großen Augen an, schüttelte den Kopf und sprach ernsthaft: „Mann, versündige dich nicht! Über solche Dinge soll man nicht scherzen."
„Ich scherze nicht, Frau!" erwiderte der Mann.
Darauf schwieg die Frau erst eine Weile, als wenn sie ihn nicht recht verstünde, und sagte dann: „Wozu das nur alles? Ich denke, du hast alle Ursache, dem alten Baum dankbar zu sein. Ist denn nicht alles so eingetroffen, wie du es geträumt hast?"
Da machte der Mann das freundlichste Gesicht der Welt und entgegnete: „Gott weiß es, dass ich dankbar bin. Ja, ein schöner Traum war's! Ist mir doch, als wenn es erst gestern gewesen wäre, so genau erinnere ich mich noch daran. Und doch ist alles noch tausendmal schöner geworden, als ich es geträumt habe. Und auch du bist tausendmal lieber und hübscher als die junge Frau, die mir damals im Traum erschien."

Wieder sah ihn die Frau mit großen Augen an, doch er fuhr fort: „Was nun aber den Baum anbelangt und den Traum, Herzensschatz, so denke ich, wer gern tanzt, dem ist leicht gepfiffen, und wie man in den Wald schreit, so schallt es wieder heraus. War es mir in den vielen Jahren schlecht und übel ergangen unter den fremden Leuten, so war es wohl kein Wunder, dass ich auch einmal von was Liebem träumte."

„Dass du aber gerade geträumt hast, du würdest mich heiraten!"

„Das hab' ich nie geträumt! Eine junge Frau sah ich mit zwei Kindern, und sie war lange nicht so hübsch wie du, und die Kinder auch nicht."

„Pfui!" erwiderte da die Frau. „Willst du mich verleugnen oder den Baum? Hast du mir nicht am ersten Tag, wo wir uns sahen, es war am Abend draußen in der Laube, hast du mir da nicht gleich gesagt, du hättest geträumt, du würdest mich heiraten und Kronenwirt werden?"

Da fiel dem Mann zum ersten Mal wieder der Scherz ein, den er sich damals mit seiner jetzigen Frau erlaubt hatte, und er sagte: „Ich kann nicht lügen, liebe Frau! Ich habe wirklich damals nicht von dir geträumt. Und wenn ich es gesagt habe, so war es nur ein Scherz. Du warst so neugierig, da wollte ich dich necken!"

Da brach die Frau in heftiges Weinen aus und ging hinaus. Nach einer Weile ging er ihr nach. Sie stand im Hof am Brunnen und weinte immer noch. Er versuchte sie zu trösten, doch es war vergeblich.

„Du hast mir meine Liebe gestohlen und mich um mein Herz betrogen!" sagte sie. „Ich werde nie wieder froh werden!"

Da fragte er sie, ob sie ihn denn nicht lieb hätte, so lieb wie keinen andern Menschen auf der Welt, und ob sie nicht zufrieden und glücklich miteinander gelebt hätten wie kein anderes Paar im Dorf.

Sie musste alles zugeben, aber sie blieb traurig wie zuvor.
Da dachte er, lass sie sich ausweinen! Über Nacht kommen andere Gedanken, morgen ist sie die Alte wieder. Doch er täuschte sich, denn am anderen Morgen weinte die Frau zwar nicht mehr, aber sie war ernst und traurig und ging ihrem Mann aus dem Weg. Jeder Versuch, sie zu trösten, scheiterte wie am Abend zuvor. Den größten Teil des Tages saß sie in einer Ecke und grübelte, und wenn ihr Mann hereintrat, schrak sie zusammen.
Als dies mehrere Tage gedauert hatte, befiel auch ihn eine große Traurigkeit, denn er fürchtete, er hätte die Liebe seiner Frau auf immer verloren. Er ging still im Haus umher und sann auf Abhilfe, doch es wollte ihm nichts einfallen. Da ging er eines Mittags zum Dorf hinaus und schlenderte durchs Feld. Es war ein heißer Julitag, keine Wolke stand am Himmel. Die reife Saat wogte wie ein goldener See, und die Vögel sangen, doch sein Herz war schwer und voller Kummer. Da sah er von fern die alte Traumbuche stehen. Wie eine Königin der Bäume ragte sie hoch in den Himmel. Es war ihm, als wenn sie ihm mit ihren grünen Zweigen zuwinkte und wie eine gute Freundin zu sich riefe. Er ging hin, setzte sich unter die Buche und dachte an die vergangene Zeit. Fünf Jahre waren ziemlich genau vergangen, seit er als ein armer Teufel zum ersten Mal unter ihr geruht und so schön geträumt hatte. Ach, so wunderschön! Und der Traum hatte fünf Jahre gedauert. Und nun? Alles vorbei, alles vorbei! Auf immer?
Da fing die Buche wieder zu rauschen an wie vor fünf Jahren und bewegte ihre mächtigen Zweige. Und wieder ließ sie wie damals bald hier, bald dort einen feinen glitzernden Sonnenstrahl durchfallen und bald hier, bald da ein Stückchen blauen Himmel durchscheinen. Da wurde sein Herz stiller, und er schlief ein, denn er hatte vor Sorge die vorhergehenden Nächte kaum geschlafen. Nicht lange, so träumte er denselben Traum wie vor fünf Jahren, und die

Frau am Tisch und die spielenden Kinder hatten die alten lieben Gesichter von seiner Frau und von seinen Kindern. Und die Frau sah ihn so freundlich an, ach, so freundlich.

Da wachte er auf, und als er sah, dass es nur ein Traum gewesen war, wurde er noch trauriger. Er brach sich von der Buche einen grünen Zweig ab, ging nach Haus und legte ihn ins Gesangbuch. Als die Frau am nächsten Tag, es war gerade Sonntag, in die Kirche gehen wollte, fiel der Zweig heraus. Da wurde der Mann verlegen, bückte sich und wollte ihn in die Tasche stecken. Doch die Frau sah es und fragte, was es für ein Blatt sei.

„Es ist von der Traumbuche. Sie meint es besser mit mir als du!" erwiderte der Mann. „Denn als ich gestern draußen war und unter ihr saß, schlief ich ein. Da wollte sie mich wohl trösten, denn mir träumte, du wärst wieder gut und hättest alles vergessen. Aber es ist nicht wahr! Es ist eben doch nichts mit der guten alten Buche. Ein herrlicher Baum ist sie wohl, aber von der Zukunft weiss sie nichts."

Da starrte ihn die Frau an, und dann ging es wie Sonnenschein über ihr Gesicht: „Mann, hast du das wirklich geträumt?"

„Ja!" entgegnete er fest. Sie aber merkte, dass es die Wahrheit war, denn er zuckte mit dem Gesicht, weil er nicht weinen wollte.

„Und ich war wirklich deine Frau?"

Als er auch dies bejahte, fiel ihm die Frau um den Hals und küsste ihn so oft, dass er sich ihrer gar nicht erwehren konnte.

„Gott sei Dank", sagte sie, „nun ist alles wieder gut. Ich habe dich ja so lieb, so lieb, wie du es gar nicht weißt! Und ich habe die Tage solche Angst gehabt, ob ich dich denn auch wirklich liebhaben dürfte und ob mir nicht doch ein anderer bestimmt war. Denn mein Herz hast du mir doch gestohlen, du böser Mann, und ein bisschen Betrug war doch dabei! Aber nun weiß ich, dass es dir nichts geholfen

hat und dass es auch ohnehin so gekommen wäre."
Darauf schwieg sie eine Weile und fuhr dann fort: „Und du sprichst nie wieder schlecht von der Traumbuche?"
„Nein, niemals. Denn ich glaube an sie, vielleicht anders als du, aber doch nicht weniger fest. Verlass dich darauf! Und den Zweig wollen wir vorn ins Gesangbuch heften, damit er nicht verlorengeht."

Der schlafende Hof

Vor Zeiten lebte ein reicher Bauer mit seinem Weibe auf einem großen Bauernhof. Wegen ihrer Hartherzigkeit standen sie aber weit und breit in keinem guten Ruf. Alle Bettler jagten sie von der Tür fort, und wenn eines vom Gesinde krank oder alt wurde, entließen sie es ohne Mitleid.

Eines Abends, mitten im kalten Winter, klopfte ein alter Bettler an die Tür und bat um eine warme Suppe und um ein Nachtlager. Sein Bart war ganz vereist, seine Wangen blau vor Kälte, seine Hände erstarrt. Aber die Bauersleute wiesen auch ihn mit harten Worten fort, sie hätten keinen Platz für alte Vagabunden.

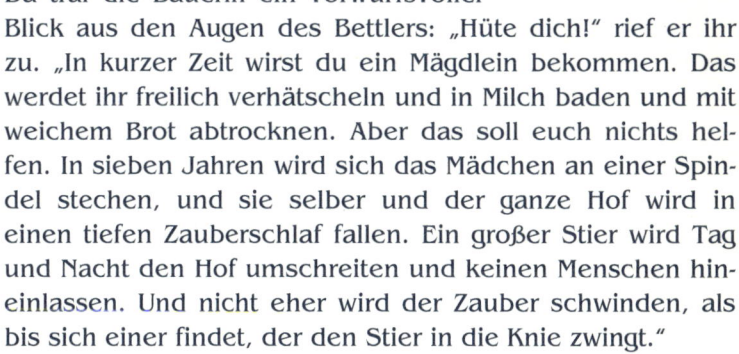

Da traf die Bäuerin ein vorwurfsvoller Blick aus den Augen des Bettlers: „Hüte dich!" rief er ihr zu. „In kurzer Zeit wirst du ein Mägdlein bekommen. Das werdet ihr freilich verhätscheln und in Milch baden und mit weichem Brot abtrocknen. Aber das soll euch nichts helfen. In sieben Jahren wird sich das Mädchen an einer Spindel stechen, und sie selber und der ganze Hof wird in einen tiefen Zauberschlaf fallen. Ein großer Stier wird Tag und Nacht den Hof umschreiten und keinen Menschen hineinlassen. Und nicht eher wird der Zauber schwinden, als bis sich einer findet, der den Stier in die Knie zwingt."

Mit diesen Worten ging der Bettler fort. Ein steiler Weg führte ihn zu einer kleinen Waldhütte, in der eine arme Großmutter mit ihrem früh verwaisten Enkel hauste. Auch hier klopfte der alte Bettler an, und sogleich ließ ihn die Großmutter herein in die warme Stube, ließ ihn niedersitzen und kochte ihm ein wärmendes Süppchen. Dann richteten sie ihm aus Waldstreu ein Lager zurecht, und als es zum Schlafengehen ging, deckte ihn der Bub mit einem Schafpelz zu.

Vor dem Einschlafen erzählte ihnen der Bettler, was sich beim reichen Bauern zugetragen habe. Die beiden hörten erschreckt und aufmerksam zu. Dann baten sie den Bettler, dass er den Zauber doch mildern oder abkürzen möge. Der Alte erwiderte: „Wenn die kleinen Fichten am Hofzaun des Anwesens so groß geworden sind, dass sich der Stier in ihrem Schatten lagern kann, ohne dass ihn auch nur ein Streifen Sonne trifft, dann soll der Bezwinger des Stieres kommen. Hättet ihr nicht für die Leute gebetet, so müssten sie noch viel länger schlafen."

Am andern Morgen sagte der Bettler: „Geld und Gut kann ich euch nicht geben, um euch eure Güte zu lohnen. Ein Kräutlein aber weiß ich, wer das findet, der kann damit jeden Zauber lösen und die wildesten Tiere zähmen, wenn er es ihnen zum Riechen hinhält."

Darauf beschrieb er das Kräutlein und erklärte dem Buben, wo er es ausgraben müsse. Damit verabschiedete sich der Bettler und wanderte weiter.

Drunten im reichen Bauernhof lachten sie zuerst über die Verwünschung. Als aber die Bäuerin bald darauf ein kleines Mädchen zur Welt brachte, das mit seinen blauen Augen und goldenen Haaren gar lieblich anzusehen war, wurde es den Eltern doch ein wenig bange. Sie pflegten das Kind mit aller Sorgfalt, wuschen es mit Milch und trockneten es mit weichem Brot, und das Kind wuchs zu einem wunderschönen Mädchen heran. Das war freundlich zu allen Leuten und gab auch dem armen Buben aus der Waldhütte jedesmal die Hand, wenn er vorüberkam.

Eines schönen Sommertages stand die Bäuerin beim Herd und buk Krapfen. Der Bauer machte sich im Stall zu schaffen, die Knechte und Mägde arbeiteten auf dem Feld. In der Holzhütte aber hackte ein alter Knecht auf Befehl des Bauern alle Spinnräder zusammen, die es im Hause gab. Eben trug ihm die alte Kindsmagd das letzte Spinnrädchen aus der Kammer heraus. Wie sie damit zur Holzhütte ging, um es dem Knecht zum Zerhacken zu bringen, da fiel die Spindel heraus und rollte dem kleinen Mädchen vor die Füße, das auf der Wiese vor der Haustür spielte. Vor dem Hoftor draußen ging gerade der alte Bettler vorbei, der tauchte das Schöpfgefäß, das dort am Brunnen hing, ins Wasser, um zu trinken.

Da griff das kleine Mädchen nach der Spindel, stach sich daran und fiel mit einem leisen Aufschrei ins Gras, wo es sofort einschlief. Aber auch die Bäuerin beim Herd, die gerade einen Krapfen aus dem heißen Schmalz holte, schlief augenblicklich ein, und der Bauer im Stall, der Knecht beim Holzstock, die Kindsmagd mit dem Spinnrad und die Knechte und Mägde und die Pferde und Rinder, die Schweine und Ziegen, die Tauben und Hühner, der Hofhund und die Katze, ja selbst die Sperlinge auf dem Dach, alle, alle fielen sogleich in tiefsten Schlaf. Das Feuer am Herd hörte auf zu brennen, und der Brunnen am Hoftor plätscherte nicht mehr.

Der alte Bettler aber ließ den Wasserschöpfer fallen und ward zur Stunde in einen mächtigen Stier verwandelt, der schnaubend den ganzen Hof umschritt und niemanden hineinließ.

So verging ein Jahr nach dem andern. Ruhelos wanderte der wilde Stier jahraus, jahrein, Winter und Sommer, Tag und Nacht um den Hof, und kein Mensch wagte sich in seine Nähe. Rings um das Haus wuchsen die Brennesseln zu mannshohen Stauden, und an Fenstern und Türen hingen lange Spinnweben herab. Dem schlafenden Bauern und den Knechten wuchsen lange graue Bärte, und auch der Bäuerin und den Mägden wurden die Haare immer weißer. Vor der Haustür aber lag das liebliche Mädchen. Das blühte zur schönsten Jungfrau heran, und ihre goldenen Haare umhüllten sie wie ein Mantel, so dass sie vor Regen und Sonnenbrand vor Kälte und Hitze behütet war.

Indessen war auch aus dem armen Jungen aus der Waldhütte ein stattlicher Jüngling geworden. Längst hatte er sich von seiner Großmutter verabschiedet, hatte den Wanderstecken genommen und war in die Fremde gezogen. Er hatte sich wacker durch die Welt geschlagen und viel Nützliches gelernt.

Nun zog es ihn wieder in die Heimat zurück. Aber er fand seine Hütte verfallen und leer, und seine Großmutter ruhte schon lange bei seinen Eltern auf dem Kirchhof um die kleine Bergkirche.

Da war er traurig und stieg höher in die Berge, um für die Gräber seiner Lieben schöne Almblumen zu holen.

Als er hoch oben auf einer Almwiese stand, erinnerte er sich an das, was ihm vor vielen Jahren der alte Bettler vom Zauberkräutlein erzählt hatte. Und, wie er so Almrausch und Federnelken, Kuckuckslichter und Enzian pflückte, fand er an einem bemoosten Felsen auch jenes Zauberkraut, das wundersam duftete. Er band es in sein Tuch und trug es mit nach Hause.

Am folgenden Morgen ging er noch vor Tau und Tag zur Bergkirche hinauf und bekränzte die Gräber der Eltern und der Großmutter mit den Almblumen. Dann stieg er zu Tal. Unterwegs begegnete er seinem alten Gevatter und fragte ihn, was es Neues gebe, seit er fortgezogen sei und ob sie auf dem reichen Bauernhof noch immer nicht erlöst seien.

„Nein, da ist alles noch beim Alten", sagte der Gevatter, „Haus und Hof sind so verwachsen, dass man gar nicht mehr hineinsehen kann, und der wilde Stier ist immer noch um den Hof, und niemand hat sich bisher in die Nähe getraut."

Jetzt fiel dem jungen Mann ein, dass er da wohl sein Kräutlein versuchen könne. Aber er dachte es nur im Stillen bei sich selber und sagte dem Gevatter nichts davon.

Frohgemut wanderte er dem Bauernhof zu. Da war alles so, wie es der Gevatter erzählt hatte. Am Hofzaun neben dem Brunnen waren die kleinen Fichtenbäumchen seiner Kinderjahre zu mächtigen, dicken Fichten gewachsen und standen wie eine grüne Wand vor der Sonne. Aber siehe da, in ihrem Schatten lag der Stier und konnte endlich ruhen, denn von der Schnauze bis zum Schwanzende traf ihn kein Sonnenstreifen.

Und sogleich erinnerte sich der junge Mann, wie der alte Bettler auf seine und seiner Großmutter Bitten den Zauber gemildert hatte. So schritt er voll Zuversicht dem Hoftor zu. Aber augenblicklich erhob sich der Stier, trat ins Tor, senkte drohend die Hörner und stieß ein zorniges Gebrüll aus.

„Warte", dachte der Mann, „für dich ist auch noch ein Kraut gewachsen." Damit nestelte er sein Tuch auf, nahm das Kraut und trat beherzt auf den Stier zu. Wie dieser das Kraut roch, hörte er sogleich zu brüllen auf. Der junge Mann nahm ihn bei den Hörnern, und ohne Widerstreben sank der Stier in die Knie.

Unbehelligt schritt der junge Mann durch das Hoftor und stand nach wenigen Schritten vor dem schlafenden Mädchen. Er kniete nieder und teilte behutsam den goldenen Haarmantel über ihrem Gesicht auseinander. Und weil sie so wunderschön war, küsste er sie auf den Mund. Da erwachte sie und schlug die Augen auf.

Im selben Augenblick fingen die Hühner an zu gackern und zu scharren, die Tauben zu gurren, Hund und Katze sprangen auf, die Spatzen flitzten durch die Luft, die Rinder muhten, die Pferde wieherten, die Knechte und Mägde ar-

beiteten und der alte Knecht in der Holzhütte zerhieb das letzte Spinnrad, das ihm die Kindsmagd brachte. Der Bauer erwachte gähnend im Stall, die Bäuerin zog die Krapfen aus dem nun wieder prasselnden Schmalz. Der Brunnen plätscherte wieder, und ein uralter Mann mit schneeweißem Haar und Bart stand an Stelle des Stieres daneben. Er trank aus dem Brunnen und ging davon.
Im Haus aber herrschte nun Freude, und bald hielt der junge Mann Hochzeit mit der schönen Jungfrau. Die alten Bauern übergaben ihnen den Hof, auf dem es von nun an nie mehr eine Hartherzigkeit gab.

Der goldene Dragoner

Es war einmal ein Graf und eine Gräfin. Sie waren unermesslich reich und ebenso freigiebig. Sie hatten nur einen einzigen Sohn, der war schön wie die Sonne, treu wie Gold und stark und kühn wie Samson.
Am Morgen seines achtzehnten Geburtstages umarmte der junge Graf seine Eltern und sprach: „Vater und Mutter, lebt wohl. Ich werde nun zum König von Frankreich gehen und ihm Kriegsdienste leisten."
Und er schwang sich auf sein großes geflügeltes Pferd, das so schnell war wie der Blitz, und ritt durch die Wolken davon. Drei Jahre lang diente der Grafensohn dem König von Frankreich. Er befehligte die goldenen Dragoner, und er besiegte alle Feinde seines Herrn.
Als der Friede geschlossen war, ging er in das Schloss des Königs, verneigte sich vor ihm und sprach: „König von Frankreich, deine Feinde sind besiegt, der Friede ist geschlossen. Ich werde nun wieder heimreiten zu Vater und Mutter."
„Leb wohl, goldener Dragoner, möge Gott dich geleiten."
Und der goldene Dragoner schwang sich auf sein großes geflügeltes Pferd, das so schnell war wie der Blitz, und ritt durch die Wolken davon. Bei Anbruch der Dunkelheit befand er sich schon über dem Schloss seiner Eltern. Da hörte er von unten am Wegesrand einen Klageruf.
„Mein Gott! Mein Gott!"
Der goldene Dragoner senkte das große geflügelte Pferd zur Erde hinab. Da saß am Wegesrand eine weiße Dame und klagte.
„Meine Dame, warum weint und klagt Ihr so?"
„Ach, goldener Dragoner, ich habe Grund, zu weinen und zu klagen. Man hat mich gegen meinen Willen an den

Herrn der Nacht verlobt. Und dem Herrn der Nacht ist Gewalt gegeben vom Anbruch der Dunkelheit bis zum ersten Strahl der Morgendämmerung."

„Meine Dame, ich habe drei Jahre die goldenen Dragoner befehligt und habe alle Feinde meines Herrn besiegt. Wartet hier auf mich. Ich werde nur noch mein großes geflügeltes Pferd zum Tränken führen, dann werde ich kommen und den Herrn der Nacht zwingen, das Eheversprechen zurückzugeben."

Der goldene Dragoner fasste das große geflügelte Pferd beim Zügel und führte es an den Bach, um es zu tränken. Aber als er zurückkam, war der Platz am Wegesrand leer.

„Gnädiger Gott, der Herr der Nacht hat mir die weiße Dame entführt!"

Da hob das große geflügelte Pferd an zu sprechen: „Mein goldener Dragoner, liebst du mich?"

„Ja, ich liebe dich, mein großes geflügeltes Pferd, oft hast du mir im Kampf Dienste geleistet."

„Dann lege dich am Fuße der alten Eiche zum Schlaf nieder. Und wenn die Zeit reif ist, wecke ich dich."

Der goldene Dragoner legte sich am Fuße der alten Eiche nieder und schlief. Aber oben im Wipfel der Eiche feierten die Eulen und Käuzchen ihren Sabbat.

„Uh, uh, krrch, krrch. Der Herr der Nacht hat seine Braut wieder eingefangen. Er hält sie gefangen mitten im Zypressenwald im Häuschen am Wolfsbrunnen."

Doch das große geflügelte Pferd verstand die Sprache

dieser Tiere. Es rüttelte seinen Herrn. „Aufgewacht, goldener Dragoner! Ich weiß, wo der Herr der Nacht und die weiße Dame sind."

Sie ritten wie der Blitz durch die Wolken davon und waren im Augenblick mitten im Zypressenwald beim Häuschen am Wolfsbrunnen. Der goldene Dragoner pochte an die Tür, und als ihm niemand öffnete, trat er mit einem Fußtritt die Tür ein.

„Herr der Nacht, gib mir die weiße Dame heraus!"

„Goldener Dragoner, du sollst sie nicht bekommen. Lass uns kämpfen!"

Und sie zogen ihre Degen und kämpften, und dem goldenen Dragoner gelang es, den Herrn der Nacht zu besiegen.

Da sprach dieser: „Goldener Dragoner, du bist stärker als ich, du kannst mich jedoch nicht töten, denn es steht geschrieben, dass ich bis zum Ende aller Tage leben werde, aber dann nicht mehr auferstehe. Nimm die weiße Dame hinter dich auf dein Pferd, aber wenn du nur ein Wort sprichst, wenn du dich einmal umwendest, dann entführe ich sie dir wieder."

Der goldene Dragoner nahm die weiße Dame hinter sich aufs Pferd. Aber hinter ihr war der Herr der Nacht aufgestiegen und quälte sie fürchterlich.

„Goldener Dragoner, hilf mir, hilf mir!" rief sie.

„Nur Mut, meine Dame!" sprach der goldene Dragoner. Er wandte sich um, und da war der Platz hinter ihm leer.

„Gnädiger Gott, der Herr der Nacht hat mir die weiße Dame wieder entführt!"

Da hob das große geflügelte Pferd an zu sprechen: „Mein goldener Dragoner, du hast mir gesagt, dass du mich liebst. Versprich mir nun, dass du mich nie verkaufen wirst, weder für Silber noch für Gold."

„Das verspreche ich, mein großes geflügeltes Pferd."

„Dann lege dich am Fuße der alten Eiche zum Schlaf nieder. Und wenn die Zeit reif ist, wecke ich dich."

Der goldene Dragoner legte sich am Fuße der alten Eiche nieder und schlief. Aber oben im Wipfel der Eiche feierten die Eulen und Käuzchen ihren Sabbat.

„Uh, uh, krrch, krrch. Der Herr der Nacht hat seine Braut wieder eingefangen. Er hält sie gefangen mitten im Meer in einem Turm aus Stahl und Eisen."

Doch das große geflügelte Pferd verstand die Sprache dieser Tiere. Es rüttelte seinen Herrn: „Aufgewacht, goldener Dragoner. Ich weiß, wo der Herr der Nacht und die weiße Dame sind."

Sie ritten wie der Blitz durch die Wolken davon und waren drei Stunden vor Mitternacht mitten im Meer bei dem Turm aus Stahl und Eisen. Der goldene Dragoner pochte an die Tür, und als ihm niemand öffnete, stieß er mit zwei Fußtritten die Tür ein.

„Herr der Nacht, gib mir die weiße Dame heraus!"

„Goldener Dragoner, du sollst sie nicht bekommen. Lass uns kämpfen!"

Und sie zogen ihre Degen und begannen zu kämpfen. Und dem goldenen Dragoner gelang es, nach langem Kampf den Herrn der Nacht zu besiegen.

Da sprach dieser: „Goldener Dragoner, du bist stärker als ich, du kannst mich jedoch nicht töten, denn es steht geschrieben, dass ich bis zum Ende aller Tage leben werde, aber dann nicht mehr auferstehe. Nimm die weiße Dame hinter dich auf dein Pferd, aber wenn du nur ein Wort sprichst, wenn du dich nur einmal umwendest, entführe ich sie dir wieder."

Der goldene Dragoner nahm die weiße Dame hinter sich aufs Pferd. Aber hinter ihr war der Herr der Nacht aufgestiegen und quälte sie fürchterlich. Sie aber schrie dieses Mal nicht. Da zog der Herr der Nacht seinen Degen und wollte von hinten auf den goldenen Dragoner eindringen.

„Goldener Dragoner, verteidige dich, verteidige dich!" rief sie jetzt.

„Nur Mut, meine Dame", sprach der goldene Dragoner. Er wandte sich um und da war der Platz hinter ihm leer.
„Gnädiger Gott, der Herr der Nacht hat mir die weiße Dame wieder entführt!" klagte er.
Da hob das große geflügelte Pferd an zu sprechen: „Mein goldener Dragoner, du hast mir gesagt, dass du mich liebst. Du hast mir versprochen, dass du mich nie verkaufen wirst, weder für Silber noch für Gold. Versprich mir nun, dass du mich nie für ein anderes Tier eintauschen wirst, solange ich lebe."
„Das verspreche ich, mein großes geflügeltes Pferd."
„Dann lege dich zum Schlaf am Fuße der alten Eiche nieder, und wenn die Zeit reif ist, wecke ich dich."
Der goldene Dragoner legte sich am Fuße der alten Eiche nieder und schlief. Aber oben im Wipfel der Eiche feierten die Eulen und Käuzchen ihren Sabbat.
„Uh, uh, krrch, krrch. Der Herr der Nacht hat seine Braut wieder eingefangen. Er hält sie gefangen im mittleren Gürtel des Orion, in einem Stern aus Gold und Silber."
Doch das große geflügelte Pferd verstand die Sprache dieser Tiere. Es rüttelte seinen Herrn: „Aufgewacht, goldener Dragoner, wir haben einen weiten Ritt vor uns. Ich weiß, wo der Herr der Nacht und die weiße Dame sind."
Sie ritten zuerst vor die Tore der Stadt Bordeaux. Dort hob das große geflügelte Pferd noch einmal an zu sprechen: „Mein goldener Dragoner, du hast mir gesagt, dass du mich liebst. Du hast mir versprochen, dass du mich nie verkaufen wirst, weder für Silber noch für Gold. Du hast mir versprochen, dass du mich nie für ein anderes Tier eintauschen wirst, solange ich lebe. Versprich mir nun noch, dass es mir weder an Kleie noch an Hafer mangeln wird, solange ich lebe, und gehorche mir noch einmal."
„Das verspreche ich, mein großes geflügeltes Pferd."
„Dann gehe zu einem Goldschmied und hole eine goldene Nadel, geh zu einem Schuster und hole ein Pfund Pech. Mir

aber lass alles Heu bringen, das ich fressen kann."
Im Laufschritt kam der goldene Dragoner wieder zurück.
„Es ist alles nach deinen Worten getan, mein großes geflügeltes Pferd."
Und sie ritten wie der Blitz durch die Wolken davon, und Schlag Mitternacht waren sie im mittleren Gürtel des Orion, bei dem Stern aus Gold und Silber. Der goldene Dragoner pochte an die Tür, und als ihm niemand öffnete, stieß er mit drei Fußtritten die Tür ein.
„Herr der Nacht, gib mir die weiße Dame heraus!" forderte er.
„Goldener Dragoner, du sollst sie nicht bekommen. Lass uns kämpfen!"
Und sie zogen ihre Degen und begannen zu kämpfen. Nach langem, langem Kampf gelang es dem goldenen Dragoner den Herrn der Nacht zu besiegen und zu Boden zu werfen.
Da sprach dieser: „Goldener Dragoner, du bist stärker als ich, du hast mich dreimal besiegt. Aber du kannst mich nicht töten, denn es steht geschrieben, dass ich bis zum Ende aller Tage leben werde, und dann nicht mehr auferstehe. Nun höre mich an: nimm die weiße Dame hinter dich auf dein Pferd, aber wenn du nur ein Wort sprichst, wenn du dich nur einmal umwendest, entführe ich sie wieder, und du wirst sie nie, nie mehr wiedersehen."
Da sagte das große geflügelte Pferd: „Weiße Dame, nimm ein Haar aus meinem Rossschweif, fädle es in die goldene Nadel und nähe damit dem goldenen Dragoner den Mund zu."
„Schon geschehen, großes geflügeltes Pferd."
„Nimm das Pfund Pech und verstopfe damit dem goldenen Dragoner die Ohren!"
„Schon geschehen, großes geflügeltes Pferd."
„Nun, Herr der Nacht, magst du kommen!"
Sie ritten wie der Blitz durch die Wolken davon. Aber hinter der weißen Dame war der Herr der Nacht aufgestiegen und

quälte sie fürchterlich. Sie jedoch schrie nicht. Da zog der Herr der Nacht seinen Degen und wollte von hinten auf den goldenen Dragoner eindringen. Doch die weiße Dame schrie nicht. Da merkte der Herr der Nacht, dass er hier seine Macht und seine Zeit verloren hatte, und er rief alle Geister der Hölle zu seiner Hilfe herbei.

„Goldener Dragoner, rette uns, rette uns!" rief die weiße Dame. Der Dragoner aber hörte nichts. Ohne ein Wort zu sprechen, kämpfte er bis zur Morgendämmerung gegen den Herrn der Nacht und alle Geister der Hölle. Und siehe, beim ersten Strahl der Sonne war der ganze Spuk verflogen, als hätte es ihn nie gegeben. Sie befanden sich gerade über dem Schloss des Grafen. Da senkte der goldene Dragoner das große geflügelte Pferd zur Erde und hob die weiße Dame vom Pferd. Und sie nahm dem goldenen Dragoner das Rosshaar von den Lippen und das Pech aus den Ohren. Er fasste die weiße Dame bei der Hand und führte sie vor seine Eltern. Noch am selben Tage wurde eine prächtige und vergnügte Hochzeit gefeiert, und sie lebten lange glücklich und zufrieden.

Doch nie vergaß der goldene Dragoner, was er dem großen geflügelten Pferd versprochen hatte. Er verkaufte es nicht, weder für Silber noch für Gold. Er tauschte es nie gegen ein anderes Tier ein, und dem großen geflügelten Pferd mangelte es, solange es lebte, weder an Kleie noch an Hafer.

Vom Prior,
der 308 Jahre geschlafen hat

Der Klostervorsteher Evo hatte einst nach dem Mittagessen große Lust, spazieren zu gehen. Die Bäume trugen das erste Laub, und die Sonne schien so hell in das düstere Refektorium hinein, dass die alten Zinnkrüge auf dem Tisch funkelten und helle Ringe an die Wand warfen. Er setzte das Käpplein auf, wanderte ein Stück weit in den Wald hinein und erfreute sich am jungen Grün, dem Summen und Schwirren der Insekten und dem lachenden Sonnenschein. Er wurde aber bald so müde, dass er sich ins Moos niedersetzte und einem Vogel lauschte, der auf einem Baum saß und herrlich sang. Ob all dem Lauschen fielen ihm die Augen zu, und er schlief fest ein.
Als er erwachte, glaubte er etwas länger geschlafen zu haben. Er rieb sich die Augen aus, guckte herum, sah grünes Laub, hörte die Vögel zwitschern und machte sich wieder auf den Heimweg.
Als er das Kloster erblickte, sperrte er die Augen auf und kniff sich in die Arme, um zu sehen, ob er wache oder träume. Er glaubte, sich verirrt zu haben, und doch kannte er den Weg nur zu genau. Das Klostergebäude sah ganz anders aus, als vor einer Stunde. Die weißen Mauern waren grau und alt geworden, von den Wänden fiel der Mörtel, die schweren plumpen Steinblöcke auf dem Dach waren entfernt und die Schindeln hatten einer roten Ziegelbedachung Platz gemacht, wie er sie noch nie gesehen hatte. Die Tannen im Garten waren hoch aufgeschossen, und statt des wackeligen Palisadenzaunes bemerkte er eine hohe, feste Mauer. Entweder waren seine Augen schwach und trübe geworden oder ein böser Geist zauberte ihm Trugbilder vor das Gesicht. Er läutete an der Pforte, und

bald kam der Pförtner herangehumpelt mit einem mächtigen Schlüsselbund an der Seite. Das war ein Mann, den er in seinem Leben noch nie gesehen, und der doch tat, als ob er hier zu Hause wäre. Pater Evo fuhr ihn an, wer ihn hier angestellt habe. Der Pförtner machte ein verdutztes Gesicht ob der sonderbaren Rede, dann platzte er los und lachte laut auf: „Da stellst du eine schöne Frage an mich, fremder Bruder. Solange ich die Mönchskutte trage, bin ich hier ein- und ausgegangen, und das sind nun schon an die vierzig Jahre, aber du gehörst ja zu einem anderen Kloster!"

„Was?" brauste Pater Evo auf, erbost über das dumme Lachen. „Ich bin der Prior dieses Klosters und vor einer Stunde ausgegangen in den Wald, um ein Mittagschläfchen zu halten!"
Da schüttelte der Pförtner den Kopf, blies die Wangen auf und ließ die Luft zischend zwischen den Zähnen hinausgleiten, dann drehte er sich auf dem Absatz um, ließ den fremden Prior stehen, nahm mit drei Sätzen die Treppe, dass der Schlüsselbund klirrte, stürmte hinein zum Vorsteher und meldete pustend, es stehe jemand draußen, der so und so aussehe und behaupte, Vorsteher dieses Klosters zu sein. „Hätte er nicht unser heiliges Gewand getragen, ich hätte ihm ins Gesicht gesagt, er sei ...", und er wies mit dem Finger nach der Stirne.
Der Prior sah bedächtig über die Brille weg und brummte: „So, so, wir wollen sehen!"
Er versammelte die Klosterherren im Refektorium und ließ den fremden Mönch hereinholen. Als Evo auf seinem Stuhle Platz genommen hatte, fragte der Vorsteher die Versammelten, ob jemand diesen Bruder kenne. Alle schüttelten

die Köpfe. Pater Evo machte ein bedenkliches Gesicht, denn an keinen dieser Brüder konnte er sich entsinnen. Er griff an die Stirne und wusste sich diese große Veränderung gar nicht zu erklären. Er kam sich vor wie in einem Zauberland, wo in einer einzigen Stunde alles umgewandelt wird.
Der Prior fragte ihn, wie er heiße, und als er den Namen „Evo" hörte, erinnerte er sich, in der Klosterschrift unlängst gelesen zu haben, dass vor langer Zeit ein Vorsteher mit diesem Namen verloren gegangen sei. Er ließ die alte Chronik holen, und als er eine Weile in dem ehrwürdigen, nach Staub und Moder riechenden Buche geblättert hatte, fand er den Namen „Evo" beim Jahre 1209. Pater Evo hatte 308 Jahre im Wald geschlafen.
Als er das hörte, sank er lautlos zusammen und zerfiel zu Staub und Asche.

Brauchtum & Aberglaube zum Schlaf

Das Bett sollte stets so aufgestellt werden, dass der Schlafende aus dem Zimmer hinausschauen kann. Außerdem sollte es vor Mondschein geschützt sein, denn man glaubte, wenn eine Frau im Mondlicht geschwängert wird, bekäme sie blöde oder mondsüchtige Kinder.

Am Neujahrstag soll man nicht schlafen - sonst ist man das ganze Jahr hindurch müde.

Beim Einschlafen soll man auf der rechten Seite liegen, weil so die unreinen Dinge leichter vom Magen in den Darm gelangen können.

„Wer schläft, der sündigt nicht", sagt ein Sprichwort, aber auch „Es schlafen nicht alle, die da schnarchen."

Wenn man früh morgens nicht verschlafen will, so stoße man vor dem Einschlafen mit der großen Zehe des rechten Fußes so viel mal an das Bettende, als die Uhr beim Erwachen zeigen soll; einen Strich mit der Zehe macht man, wenn eine halbe Stunde angedeutet werden soll. Vor allem wird der hl. Veit angerufen:

> *Heiliger St. Veit,*
> *Weck mich auf zur rechten Zeit,*
> *Dass ich mich nicht verschlafe*
> *Und zur rechten Zeit erwache.*

Verlassen soll man das Bett mit dem rechten Fuße zuerst. Das Bett darf nicht mit Hühnerfedern gefüllt sein, denn das bringt Zank und Streit ins Haus.

Musste man nachts schlaflos ständig an jemand denken, so sollte man rasch das Kopfkissen umdrehen, dann würde der oder die andere an einen denken.

Gegen Schlaflosigkeit wurde eine Mixtur aus Milch, Eiweiß und Rosenwasser auf die Stirn gestrichen. Auch wurde empfohlen, frisches Dillkraut unter das Kopfkissen zu legen, allerdings ohne Wissen des Betroffenen.

Als unfehlbares Schlafmittel wurde auch Hechtschmalz empfohlen, sowie der Schmutz aus den Ohren einer Eselin, den man sich auf die Stirn streichen sollte. Auch der Tee der Schafgarbe galt als gutes Schlafmittel, und Kranke sollten Schlaf finden, nachdem man ihnen Widderhorn zu essen gegeben hat.

Schlaf sollte der Schlafapfel - ein moosartiger Auswuchs (Galle) an der Wildrose - bringen, wenn man ihn unter das Kopfkissen legte. An der selben Stelle aufbewahrt, garantiere der Schlafapfel auch das rechtzeitige Aufwachen. Auch angenehme Träume wurden ihm zugeschrieben. Allerdings meinte man, dass er seine Wirkung verliere, wenn man ihn über ein Wasser trägt.

Nach Plinius sollte man sich bei Schlaflosigkeit einen in Eselshaut genähten Reiherschnabel vor die Stirn binden.

Damit die Bienen besser schwärmen ist es angeraten, am Vorabend des Flugtages nackt zu schlafen.

Schlaf ist den Kranken eine halbe Gesundheit und eine Stunde Schlaf vor Mitternacht ist besser als deren zwei danach.

Finden kleine Kinder keinen Schlaf, so soll man ihnen Tannenzapfen unter das Kopfkissen legen.

Gegen die Schlafsucht half es, wenn man frisches Wasser aus einem aus Serpentin gefertigten Becher trank.

Schlechter Schlaf wurde oft auf Töpfe zurückgeführt, die nachts ohne Deckel geblieben waren. Aber auch mit Taubenfedern gefüllte Kissen erlaubten angeblich weder einen ruhigen Schlaf noch einen ruhigen Tod. Und wollte man jemand, den man nicht mochte, einen schweren Traum verschaffen, so legte man ihm nach Möglichkeit ein Bockshorn unter das Kopfkissen.

Wer im Schlaf redete, dem empfahl man, einen Knochen aus dem Beinhaus eines Friedhofs unter sein Kopfkissen zu legen.

Wer bei einem Unwetter und Gewitter im Hause schläft, den soll man schlafen lassen. Vor allem das jüngste Kind soll man nicht aufwecken, denn solange es schläft, wird der Blitz nicht in das Haus einschlagen.

Wer während des Begräbnisläutens schläft, der wird bald vom Tode geholt.

Der „Schlafdaumen" (das ist der linke Daumen eines Verstorbenen, der 9 Wochen im Grab lag und zur Neumondzeit ausgegraben wurde) wird von Zigeunern benutzt, wenn sie einbrechen wollen. Man klopft damit sieben mal an die Tür des Hauses, in welches man einbrechen will. Daraufhin versinken alle Bewohner des Hauses in einen tiefen Schlaf.

Wer den kleinen Finger der linken Hand eines totgeborenen Kindes mitternachts auf einem Kreuzweg, gegen Norden sitzend, verzehrt, kann durch seinen Hauch tiefsten Schlaf hervorrufen.

Der Volksmund weiß:
    Wer allein schläft, bleibt lange kalt,
    zwei wärmen sich einander bald.

Die Boten des Todes

Vor alten Zeiten wanderte einmal ein Riese auf der großen Landstraße, da sprang ihm plötzlich ein unbekannter Mann entgegen und rief: "Halt! Keinen Schritt weiter!"

"Was", sprach der Riese, "du Wicht, den ich zwischen den Fingern zerdrücken kann, du willst mir den Weg vertreten? Wer bist du, dass du so keck reden darfst?"

"Ich bin der Tod", erwiderte der andere, "mir widersteht keiner, und auch du musst meinen Befehlen gehorchen."

Der Riese aber weigerte sich und fing an, mit dem Tode zu ringen. Es war ein langer, heftiger Kampf. Zuletzt behielt der Riese die Oberhand und schlug den Tod mit seiner Faust nieder, dass er neben einem Stein zusammensank. Der Riese ging seiner Wege, und der Tod lag da besiegt und war so kraftlos, dass er sich nicht wieder erheben konnte.

"Was soll daraus werden", sprach er, "wenn ich da in der Ecke liegen bleibe? Es stirbt niemand mehr auf der Welt, und sie wird so mit Menschen angefüllt werden, dass sie nicht mehr Platz haben, nebeneinander zu stehen."

Indem kam ein junger Mensch des Wegs, frisch und gesund, sang ein Lied und warf seine Augen hin und her. Als er den Halbohnmächtigen erblickte, ging er mitleidig heran, richtete ihn auf, flößte ihm aus seiner Flasche einen stärkenden Trank ein und wartete, bis er wieder zu Kräften kam.

"Weißt du auch", sagte der Fremde, indem er sich aufrichtete, "wer ich bin, und wem du wieder auf die Beine geholfen hast?"

"Nein", antwortete der Jüngling, "ich kenne dich nicht."

"Ich bin der Tod", sprach er. "Ich verschone niemand und kann auch mit dir keine Ausnahme machen. Damit du aber siehst, dass ich dankbar bin, verspreche ich dir, dass ich dich nicht unversehens überfalle, sondern dir erst meine Boten senden will, bevor ich komme und dich abhole."

„Wohlan", sprach der Jüngling, „immer ein Gewinn, dass ich weiß, wann du kommst, und so lange wenigstens sicher vor dir bin."

Dann zog er weiter, war lustig und guter Dinge und lebte in den Tag hinein. Allein Jugend und Gesundheit hielten nicht lange aus, bald kamen Krankheiten und Schmerzen, die ihn bei Tag plagten und ihm nachts die Ruhe wegnahmen.

„Sterben werde ich nicht", sprach er zu sich selbst, „denn der Tod sendet erst seine Boten. Ich wollte nur, die bösen Tage der Krankheit wären erst vorüber."

Sobald er sich gesund fühlte, fing er wieder an, in Freuden zu leben. Da klopfte ihm eines Tages jemand auf die Schulter.

Er blickte sich um, und der Tod stand hinter ihm und sprach: „Folge mir, die Stunde deines Abschieds von der Welt ist gekommen."

„Wie?" antwortete der Mensch. „Willst du dein Wort brechen? Hast du mir nicht versprochen, dass du mir, bevor du selbst kämest, deine Boten senden wolltest? Ich habe keinen gesehen."

„Schweig!" erwiderte der Tod. „Habe ich dir nicht einen Boten über den andern geschickt? Kam nicht das Fieber, stieß dich an, rüttelte dich und warf dich nieder? Hat der Schwindel dir nicht den Kopf betäubt? Zwickte dich nicht die Gicht in allen Gliedern? Brauste dir's nicht in den Ohren? Nagte nicht der Zahnschmerz in deinen Backen? Ward dir's nicht dunkel vor den Augen? Über das alles, hat nicht mein leiblicher Bruder, der Schlaf, dich jeden Abend an mich erinnert? Lagst du nicht in der Nacht, als wärst du schon gestorben?"

Der Mensch wusste nichts zu erwidern, ergab sich in sein Geschick und ging mit dem Tode fort.

Wie eine Königstochter sieben Jahre geschlafen

Einmal war eines großen Königs Tochter plötzlich gestorben, und Trauer und Wehklagen erfüllte das ganze Land. An dem Tage, wo die Tote eingesargt werden sollte, kam aus fernen Landen ein weiser Mann in die trauernde Königsstadt. Er schloss aus der allgemeinen Bekümmernis, dass hier etwas Besonderes vorgefallen sein müsse und fragte, was denn die Bewohner so sehr drücke. Als er Auskunft erhalten hatte, begab er sich in den königlichen Palast, nannte sich einen weisen Arzt und bat um Zutritt zum König. Schon auf der Schwelle rief er mit fester Stimme: „Die Jungfrau ist nicht tot, sondern nur müde, lasst sie eine Zeitlang ruhen."
Als der König dies gehört hatte, befahl er dem Fremden, näher zu treten.
Der Zauberer aber sagte: „Eure Tochter darf nicht zu Grabe gebracht werden. Ich werde eine gläserne Truhe fertigen, darin wollen wir sie betten und ruhig schlafen lassen, bis die Zeit des Erwachens herankommt."
Der König war darüber höchst erfreut und versprach dem Zauberer reichen Lohn, wenn seine Verheißung sich erfüllen würde. Dieser fertigte darauf eine große Glastruhe, legte seidene Kissen hinein, bettete die Königstochter darauf und schloss den Deckel. Dann ließ er die Schlafende in ein großes Gemach tragen und Wachen vor die Türe stellen, damit niemand sie wecke.
Nachdem dies geschehen war, sagte der Zauberer zum König: „Sendet jetzt überall Boten hin und lasst allen Glasvorrat aufkaufen, dann werde ich einen Ofen bauen, der größer sein wird als Eure Königsstadt, und darin wollen wir das Glas zu einem Berg zusammenschmelzen. Wenn sechs Jahre verstrichen sind, und der Lerchensang den siebenten

Sommer ankündigt, dann sendet Boten nach allen Richtungen hin, und lasset bekanntmachen, dass es jedem jungen Mann erlaubt sei, sich als Bewerber um Eure Tochter einzufinden. Wer von den Freiern dann, sei es zu Pferde, oder auf seinen eigenen Füßen, des Glasberges Gipfel erklimmt, der muss Euer Schwiegersohn werden.
Wenn nämlich der auserkorene Mann kommt, was binnen sieben Jahren und sieben Tagen geschehen wird, dann wird Eure Tochter aus dem Schlafe erwachen und dem Jüngling einen goldenen Ring geben. Wer Euch diesen Ring bringt, und wäre es der geringste Eurer Untertanen, ja auch eines Tagelöhners Sohn, dem müsst ihr Eure Tochter zur Gemahlin geben, sonst wird sie in ewigen Schlaf versinken."
Der König versprach, sich in allen Stücken nach dieser Vorschrift zu richten, und gab sofort Befehl, in allen angrenzenden Ländern den Glasvorrat anzukaufen. Als das sechste Jahr ablief, war so viel Glas beisammen, dass es eine Fläche von einer Meile sieben Klafter hoch bedeckte.
Inzwischen hatte der Zauberer seinen Schmelzofen fertig, der so hoch war, dass er fast an die unterste Wolkenschicht reichte. Der König stellte ihm zweitausend Arbeiter zur Verfügung, welche das Glas in den Ofen taten. Hier schmolz es, und die Hitze wurde so stark, dass Sümpfe, Flüsse und kleine Seen austrockneten, ja selbst in Quellen und tiefen Brunnen eine Abnahme des Wassers zu bemerken war.
Nicht weit von der Stadt stand nun eine Bauernhütte, in der ein alter Vater mit seinen drei Söhnen wohnte. Als der Vater erkrankte und sein Ende herannahen fühlte, ließ er seine Söhne vor sein Lager treten und sprach: „Ich fühle, dass mein Heimgang herannaht, deshalb will ich euch meinen letzten Willen kundtun. Ihr, meine lieben älteren Söhne, sollt gemeinschaftlich Haus und Acker bestellen, solange ihr nicht beide heiratet. Die Herrschaft zweier Herdköniginnen würde einen Riss ins Hauswesen bringen.

Denn ein altes wahres Wort sagt, wo sieben unbeweibte Brüder friedlich beieinander leben, da wird es zwei Frauen zu eng, sie müssen sich zausen. Tritt aber dieser Fall ein, so sollt ihr Haus und Felder untereinander teilen. Euer jüngster Bruder aber, der weder zum Wirt noch zum Knecht taugt, soll bei euch Obdach und Nahrung finden, solange er lebt. Zu diesem Behufe vermache ich euch beiden meinen Geldkasten. Euer jüngster Bruder ist zwar etwas kurz von Verstande, aber er hat ein gutes Herz und wird euch ebenso willig gehorchen, wie er mir immer gehorcht hat."
Die älteren Brüder versprachen mit trockenem Auge und geläufiger Zunge, des Vaters Willen zu erfüllen, der Jüngste sprach kein Wort und weinte bitterlich.
„Noch eins will ich sagen", fuhr der Vater fort, „wenn ich tot bin und ihr mich begraben habt, so erweist mir als letzten kleinen Liebesdienst, dass jeder von euch eine Nacht an meinem Grabe wacht." Beide älteren Brüder versprachen mit trockenem Auge und geläufiger Zunge, des Vaters Willen zu erfüllen, der Jüngste sagte kein Wort und weinte bitterlich. Bald nach dieser Unterredung hatte der Vater seine Augen auf immer geschlossen.
Die beiden älteren Brüder richteten ein großes Gastmahl an und luden viele Gäste ein, damit der tote Vater mit allen Ehren bestattet werde. Sie selbst waren guter Dinge und aßen und tranken wie auf einer Hochzeit, während ihr Bruder still weinend am Sarge des Vaters stand. Als der Sarg dann weggetragen und ins Grab gesenkt wurde, da war dem jüngsten Sohne zu Mute, als wären nun alle Freuden gestorben und mit dem Vater begraben.
Spät am Abend, als die letzten Gäste fortgegangen waren, fragte der jüngste Bruder, wer die erste Nacht am Grabe des Vaters wachen würde. Die andern sagten: „Wir sind müde von der Besorgung des Begräbnisses, wir können heute Nacht nicht wachen, aber du hast nichts Besseres zu tun, also geh du und halte Wache."

Der jüngste Bruder ging ohne ein Wort zu sagen zum Grabe des Vaters, wo alles still war und nur die Grille zirpte. Um nicht einzuschlafen, ging er leisen Schrittes auf und ab. Es mochte um Mitternacht sein, als es wie von einer klagenden Stimme aus dem Grabe tönte: „Wessen Schritt ist's, der da schüttet groben Kiessand auf die Augen, schwarze Erde auf die Brauen?"
Der Sohn verstand die Frage und antwortete: „Das ist dein jüngster Sohn, dessen Schritt ist's, der da schüttet groben Kiessand auf die Augen, schwarze Erde auf die Brauen."
Die Stimme fragte weiter, warum die älteren Brüder nicht zuerst zur Wacht gekommen seien, worauf der Jüngste sie entschuldigte, sie hätten, ermüdet von der Beerdigung, heute nicht kommen können.
Wieder hob des Vaters Stimme an: „Jeder Arbeiter ist seines Lohnes wert, darum will ich dir auch deinen Lohn nicht vorenthalten. Es wird bald eine Zeit kommen, wo du dir bessere Kleider wünschen wirst, um in die Gesellschaft vornehmer Leute kommen zu können. Dann tritt an mein Grab, stampfe mit deiner linken Ferse dreimal auf den Grabhügel und sprich: Lieber Vater, ich bitte um meinen Lohn für die erste nächtliche Wacht. Dann wirst du einen Anzug und ein Pferd erhalten. Aber sage deinen Brüdern nichts davon."
Mit Tagesanbruch ging der Grabeswächter heim, frühstückte etwas, um sich zu stärken, und legte sich dann nieder, um zu ruhen.
Als am Abend die Zeit herankam, fragte er bei den Brüdern an, wer von ihnen die Nacht am Grabe des Vaters wachen würde. Die Brüder antworteten spöttisch: „Nun, es wird wohl niemand kommen, um den Vater aus dem Grabe zu stehlen. Wenn du aber Lust hast, so kannst du ja auch diese Nacht dort wachen. Aber mit all deinem Wachen wirst du den Vater nicht wieder ins Leben zurückrufen."
Der jüngste Bruder wurde über diese lieblose Rede noch

betrübter und verließ mit Tränen in den Augen die Hütte.
Auf dem Grabe des Vaters war alles ruhig, wie gestern Nacht, nur die Grille zirpte im Grase. Damit er nicht einschliefe, ging er leisen Schrittes auf und ab. Es mochte wohl Mitternacht sein, die Hähne hatten schon zweimal gekräht, als eine klagende Stimme aus dem Grabe sich vernehmen ließ: „Wessen Schritt ist's, der da schüttet groben Kiessand auf die Augen, schwarze Erde auf die Brauen?"
Der Sohn verstand die Frage und erwiderte: „Das ist dein jüngster Sohn, dessen Schritt ist's, der da schüttet groben Kiessand auf die Augen, schwarze Erde auf die Brauen."
Die Stimme fragte weiter, warum keiner der älteren Brüder gekommen sei, und der Jüngste entschuldigte sie, sie seien von dem Tagewerk zu ermüdet, um zu wachen.
Wieder hob des Vaters Stimme an: „Jeder Arbeiter ist seines Lohnes wert, darum werde ich dir auch deinen Lohn nicht vorenthalten. Bald wird eine Zeit kommen, wo du dir einen noch besseren Anzug wünschen wirst, als den, welchen du dir gestern verdient hast. Dann tritt nur fest an mein Grab, stampfe mit deiner linken Ferse dreimal auf den Grabhügel und sprich: Lieber Vater, ich bitte um meinen Lohn für die zweite nächtliche Wacht! Sofort wirst du einen prächtigeren Anzug und ein schöneres Pferd erhalten, so dass die Leute ihre Augen nicht von dir abwenden mögen. Aber sage deinen Brüdern nichts davon."
Mit Tagesanbruch ging er von der Grabwache nach Hause, fand die beiden älteren Brüder noch schlafend, frühstückte etwas, um sich zu stärken, streckte sich dann auf die Ofenbank hin und schlief, bis die Sonne schon etwas über Mittag stand.
Als am Abend die Zeit wieder herannahte, fragte er die Brüder, wer von ihnen die Nacht am Grabe des Vaters wachen würde?
Sie lachten und antworteten spöttisch: „Wer die wohlfeile Arbeit zwei Nächte getan hat, der kann sie auch die dritte

Nacht tun. Der Vater wird aus seinem Grabe nicht davonlaufen, und noch weniger werden die Leute kommen, ihn zu stehlen. Wäre er noch bei vollem Verstande gewesen, so hätte er einen Wunsch dieser Art gar nicht geäußert."

Der jüngste Bruder war sehr betrübt über ihre lieblose Rede und ging wieder mit tränennassen Augen davon.

Auf dem Grabe des Vaters war alles still, wie die beiden Nächte zuvor, nur die Grille zirpte im Grase, und die Schnepfe meckerte unter hohem Himmel. Um nicht einzuschlafen, ging der Grabeswächter leisen Schrittes auf und ab. Es mochte Mitternacht sein, die Hähne hatten schon zweimal gekräht, da rief wieder die klagende Stimme aus dem Grabe: „Wessen Schritt ist's, der da schüttet groben Kiessand auf die Augen, schwarze Erde auf die Brauen?"

Der Sohn verstand die Frage und erwiderte: „Das ist dein jüngster Sohn, dessen Schritt ist's, der da schüttet groben Kiessand auf die Augen, schwarze Erde auf die Brauen."

Die Stimme fragte wieder, weswegen die älteren Brüder nicht gekommen seien, und erhielt dieselbe Antwort wie gestern.

Aber des Vaters Stimme hob wieder an: „Jeder Arbeiter ist seines Lohnes wert, ich will dir den deinigen nicht vorenthalten. Bald wird eine Zeit kommen, wo du an dir selbst erfahren wirst, daß der Mensch, je mehr er hat, desto mehr begehrt. Einem guten Sohne aber, der seinem Vater auch nach dem Tode noch Liebe erwies, müssen alle Wünsche erfüllt werden. Anfangs wollte ich meine verborgenen Schätze unter deine Brüder teilen, jetzt bist du mein einziger Erbe. Wenn dir deine prächtigen Kleider und Pferde, die ich dir für die erste und zweite nächtliche Wacht zum Lohne versprach, nicht mehr gefallen, so tritt fest an mein Grab, stampfe mit deiner linken Ferse dreimal auf den Grabhügel und sprich: Lieber Vater, ich bitte um meinen Lohn für die dritte nächtliche Wacht! Und augenblicklich wirst du die allerprächtigsten Kleider und die allerkostbars-

ten Pferde erhalten. Alle Welt wird mit Bewunderung auf dich blicken, deine älteren Brüder werden dich beneiden und ein großer König wird dich zum Schwiegersohn wählen. Aber sage deinen Brüdern nichts davon."
Mit Tagesanbruch ging der Grabwächter nach Hause und dachte bei sich selbst: „So eine Zeit wird für mich Armen wohl niemals kommen." Als er dann ein wenig gefrühstückt hatte, um sich zu stärken, streckte er sich auf die Ofenbank, schlief ein und erwachte erst, als die Sonne schon in den Wipfeln des Waldes stand.
Während er schlief, sprachen die älteren Brüder untereinander: „Dieser Nachtwacher und Tagschläfer wird uns nie zu was nutzen, wozu füttern wir ihn? Wir täten besser, das Futter einem Schweine zu geben, das wir zur Weihnacht schlachten können."
Der älteste Bruder setzte hinzu: „Werfen wir ihn aus dem Hause, er kann vor fremder Leute Türen um sein Brot betteln."
Da meinte aber der andere, das würde doch nicht gut angehen und würde ihnen selber Schande bringen, wenn sie, als wohlhabende Leute, den Bruder betteln gehen ließen. „Lieber wollen wir ihm die Brosamen von unserem Tisch hinwerfen, satt soll er nicht dabei werden, aber auch nicht Hungers sterben."
Inzwischen hatte der Zauberer seinen Glasberg fertig geschmolzen, und der König hatte überall bekanntmachen lassen, dass jeder junge Mann kommen dürfe, sich um seine Tochter zu bewerben, dass aber nur demjenigen die Jungfrau ihre Hand reichen würde, der zu Pferde oder auf eigenen Füßen den Gipfel des Glasberges erklimmen würde.
Der König ließ nun ein großes Gelage anrichten für alle die Gäste, die sich einfinden würden. Das Gelage solle drei Tage währen; für jeden Tag wurden hundert Ochsen und siebenhundert Schweine geschlachtet und fünfhundert Fäs-

ser Bier gebraut. Die aufgestapelten Würste ragten gleich Wänden, die Hefebrote und Kuchen bildeten Haufen, so hoch wie die größten Heuschober.

Die schlafende Königstochter wurde in ihrem Glaskasten auf den Gipfel des Glasberges getragen. Von allen Seiten strömten Fremde herbei, teils um das Wagestück zu versuchen, teils um das Wunder mit anzusehen. Der glänzende Berg strahlte wie eine zweite Sonne, so dass man ihn schon viele Meilen weit aus der Ferne erblickte.

Die beiden älteren Brüder hatten sich Festkleider machen lassen und gingen auch zum Gastmahl. Der Jüngste musste zu Hause bleiben, damit er in seinem elenden Aufzuge den schmucken Brüdern keine Schande mache.

Aber kaum hatten sich die älteren Brüder auf den Weg gemacht, da ging der Jüngste an des Vaters Grab, tat, wie die Stimme ihn gelehrt hatte, und sprach: „Lieber Vater, ich bitte um meinen Lohn für die erste nächtliche Wacht!" In dem nämlichen Augenblicke, wo die Bitte über seine Lippen kam, stand ein eisernes Ross da mit eisernem Zaum, und auf dem Sattel lag die schönste glänzende Rüstung, vollständig vom Scheitel bis zur Sohle, und alles passte so gut, als wäre es auf seinen Leib gemacht.

Um Mittag kam der eiserne Mann auf seinem eisernen Pferde an den Glasberg, wo Hunderte und Tausende standen, aber kein einziger war imstande, auch nur einige Schritte den glatten Berg hinaufzukommen. Der eiserne Reiter drängte sich durch die Menge, ritt ein Drittel des Berges hinauf, als wäre es Ackerland, kehrte dann um, grüßte den König und verschwand wieder. Manche Zuschauer wollten bemerkt haben, dass die schlafende Königstochter ihre Hand regte, als der eiserne Reiter hinauffritt.

Beide Brüder konnten am Abend nicht genug von der wunderbaren Tat des eisernen Mannes erzählen. Der jüngste Bruder hörte ihre Reden schweigend an, ließ sich aber nicht anmerken, dass er selber der Mann gewesen war.

Am andern Morgen gingen die Brüder mit Sonnenaufgang wieder fort, um das Festgelage nicht zu versäumen. Die Sonne stand in Südost, als der jüngste Bruder an das Grab des Vaters kam und sprach: „Lieber Vater, ich bitte um den Lohn für die zweite nächtliche Wacht!" In dem Augenblick, wo die Bitte über seine Lippen kam, stand ein silbernes Pferd da mit silbernem Zaum und Sattel, und auf dem Sattel lag die prächtigste, glänzendste silberne Rüstung, vollständig vom Scheitel bis zur Sohle, und alles passte so gut, als wäre es auf seinen Leib gefertigt.

Am Mittag kam der silberne Mann mit seinem Silberpferde an den Glasberg, wo Hunderte und Tausende standen, aber kein einziger war imstande, auch nur einige Schritte auf den glatten Berg hinaufzukommen. Der silberne Reiter drängte sich durch die Menge, ritt ein gutes Stück über die Hälfte den Glasberg hinauf, der für die Hufe seines Pferdes wie Waldboden zu sein schien, kehrte um, grüßte den König und war gleich darauf wieder verschwunden. Heute hatten die Leute deutlich gesehen, dass die schlafende Königstochter ihren Kopf bewegt hatte, als der silberne Mann heranritt.

Die Brüder waren am Abend nach Hause gekommen und konnten den silbernen Ritter nicht genug rühmen, meinten aber doch zuletzt, es könne kein wirklicher Mensch sein, sondern alles sei nur ein Zauberblendwerk. Der jüngste Bruder hörte ihren Reden still zu, ließ aber nichts davon merken, dass er selbst der Ritter gewesen war.

Am andern Morgen waren beide älteren Brüder mit Tagesanbruch wieder fortgegangen, weil heute die sieben Jahre und sieben Tage um waren, nach deren Ablauf die Königstochter aus ihrem langen Schlaf erwachen sollte. Die Sonne stand schon ziemlich hoch, als der jüngste Bruder an des Vaters Grab ging.

Dort sprach er: „Lieber Vater, ich bitte um meinen Lohn für die dritte nächtliche Wacht." In dem selben Augenblicke, wo diese Bitte über seine Lippen kam, stand ein goldenes Pferd da mit goldenem Zaum und Sattel, und auf dem Sattel lag die schönste goldene Rüstung, vollständig vom Scheitel bis zur Sohle, und alles passte so gut, als wäre es auf seinen Leib gefertigt.

Um Mittag kam der goldene Ritter mit seinem Goldpferde an den Glasberg, wo Hunderte und Tausende standen, doch kein Einziger war imstande, auch nur einige Schritte den glatten Berg hinaufzukommen. Weder der eiserne Reiter noch der silberne hatten Spuren auf dem Berge zurückgelassen, der glatt geblieben war wie zuvor. Der goldene Reiter drängte sich durch die Menge, ritt den Berg hinauf bis zum Gipfel, und der Berg schien für die Hufe seines Pferdes wie die saftigste Blumenwiese zu sein. Als er oben angekommen war, sprang der Deckel der gläsernen Truhe von selbst auf, die schlafende Königstochter richtete sich auf, zog einen goldenen Ring von ihrem Finger und gab ihn dem goldenen Reiter. Dieser aber hob die Jungfrau auf sein Goldpferd und ritt mit ihr langsam den Berg hinunter. Dann legte er sie in des Königs Arme, grüßte anmutig und war im nächsten Augenblick verschwunden.

Des Königs Freude könnt ihr euch leicht vorstellen. Am andern Tage hatte er, dem Rate des weisen Mannes zufolge, überall bekanntmachen lassen, dass der, der den goldenen Ring der Prinzessin zurückbringen würde, sein Schwiegersohn werden solle. Von den Gästen waren die meisten zur Nacht dageblieben, um zu sehen, wem das Wagestück gelingen werde. Auch unsere alten Freunde, die älteren Brüder, waren darunter und ließen sich die Bewirtung trefflich munden. Aber ihr

Erstaunen war nicht gering, als sie sahen, wie ein schlecht gekleideter Mann, in dem sie bald ihren verschmähten Bruder erkannten, an den König herantrat. Dieser Bettler trug in der Tat den Ring der Königstochter an seiner Hand. Da bereute der König seine Zusage, denn so etwas hatte er nicht ahnen können.

Aber der Zauberer sagte zum König: „Der Jüngling, den Ihr seines schlechten Aufzuges wegen für einen Bettler haltet, ist der Sohn eines mächtigen Königs, dessen Land weit entfernt liegt. Er wurde drei Tage nach seiner Geburt von einer bösen Frau mit einem Bauernsohn vertauscht; dieser starb jedoch schon im ersten Monat, während der gestohlene Königssohn in einer Bauernhütte aufwuchs und seinem vermeintlichen Vater immer gehorsam war."

Der König war durch diese Auskunft zufriedengestellt und ließ einen großen Hochzeitsschmaus ausrichten, der vier Wochen dauerte. Später vererbte er alle seine Reiche auf seinen Schwiegersohn. Sobald dieser nur die Bauernkleider abgelegt hatte, benahm er sich gar nicht mehr einfältig, sondern seinem Stande gemäß und als kluger Herr. Sonntags zeigte er sich dem Volke in seiner Goldrüstung auf seinem goldenen Ross. Seine vermeintlichen Brüder aber waren vor Neid und Wut gestorben. Mit seiner Frau, die jetzt ganz und gar ausgeschlafen war, lebte er alle Zeit vergnügt und in Freude.

Wie Karlsruhe entstand und zu seinem Namen kam

Markgraf Karl Wilhelm wollte sein Schloss und dessen Garten in Durlach vergrößern, die Stadt nach Görtzingen hin erweitern und sie durch gerade Straßen verschönern. Allein die Durlacher verweigerten sowohl die Abtretung der erforderlichen Grundstücke als auch die Umänderung ihrer krummen Gassen. Da selbst des Markgrafen Drohung, wegzuziehen, sie nicht umstimmte, wurde er sehr ungehalten, und in dieser Stimmung ging er nachmittags in den Hartwald auf die Jagd. Beim Verfolgen des Wildes kam er von seinen Leuten ab und setzte sich zuletzt ermüdet auf den Stumpf einer Eiche.
An die Verlegung seiner Residenz denkend, fiel er in Schlaf, aus dem er erst nach mehreren Stunden erwachte. Als ihn sein Gefolge nach langem Suchen gefunden hatte, sprach er: „So gut wie jetzt, habe ich in meinem Leben nicht geschlafen! Zum Andenken will ich hier meinen Wohnsitz bauen, der Karlsruhe heißen soll. Über dem Baumstumpf soll die Kirche errichtet werden, und darin will ich einst begraben werden."
Sogleich mussten die Jäger, durch Bezeichnung mehrerer Bäume, den Platz kenntlich machen, und bald wurde an dieser Stelle die Stadt Karlsruhe mit geraden Straßen erbaut und ihr Schloss vom Markgrafen bezogen. Wo einst der Eichenstumpf stand, wurde der Altar der Kirche errichtet und da-

runter eine kleine Gruft, worin Karl Wilhelm seit seinem Tode beigesetzt ist. Über ihr steht jetzt, wo die Kirche abgerissen und deren Platz dem Markte beigeschlagen ist, eine steinerne Pyramide mit folgender Inschrift:
„Hier, wo Markgraf Karl einst im Schatten des Hartwaldes Ruhe suchte und die Stadt sich erbaute, die seinen Namen bewahrt; auf der Stätte, wo er die letzte Ruhe fand, weiht ihm dies Denkmal, das seine Asche verschließt, in dankbarer Erinnerung Ludwig Wilhelm August, Großherzog, 1823."

Der Faulkönig

Da war mal ein Knecht, der mochte gar nicht gern schwitzen. Sein Name war Hein, weil er aber etwas rundlich und dicklich war, so nannten sie ihn Hein Dick.
Eines Morgens im Sommer mähten sie Roggen, Hein Dick mit den beiden anderen Knechten, und Kuhle, der Dackel, war auch mit aufs Feld gelaufen. Als es nun heiß wurde und die Sonne zu glühen anfing, da legte der Hund sich am Knick in den kühlen Schatten, ließ die Zunge heraushängen und streckte alle Viere von sich.
Hein Dick kam angemäht, blieb stehen, sah nachdenklich auf den Hund - und mähte weiter. Als er aber auf der Runde zum zweitenmal herankam, da sagte er: "Hat man's nicht schon eh' gehört, dass ein Mensch noch lernen kann von dem unvernünftigen Vieh?"
Damit stellte er die Sense beiseite und legte sich neben den Hund ins kühle Gras. Und es dauerte nicht lange, so lagen auch die beiden anderen Knechte neben ihm, und soweit es auf diese drei ankam, so war keine Bosheit auf der Welt, denn alle drei lagen in tiefem Schlaf.
Es wurde Mittag, da kam der Herr, um nach dem Rechten zu sehen, und er stand schon mitten unter ihnen, aber sie schliefen noch immer fort. Nun kuck doch mal einer an! Die Halunken! Und er sagte auf einmal recht laut: "Das möchte ich nun doch wirklich mal wissen. Wer von euch ist der Faulste? Der kriegt fünf Groschen."
Die beiden andern sprangen auf: "Ich bin's, unser Herr, ich bin's!" Aber Hein Dick, der blieb ruhig liegen.
"Na, und du, Hein", sagte der Herr, "du bist sonst doch auch nicht so stark für die Arbeit! Warum meldest du dich denn nicht?"

Aber Hein Dick kriegte kaum mal die Augen auf: „Hm! Darum erst hochkommen?"
„Ja", sagte der Herr, „dann bist du Faulkönig und hast den Preis gewonnen."
Damit holte er ein Fünfgroschenstück aus der Tasche und langte es ihm hin. Hein Dick rührte sich aber nicht.
„Och", sagte er, „darum erst den Arm hochkriegen? Der Herr weiß ja, wo meine Westentasche ist. Steck er's da man rein."
Sprach's, drehte sich um, schlief weiter und wurde so Faulkönig.

Die Erweckung der schönen Dörte

Da war einmal eine wunderschöne Jungfer Dörte, die hatte ein Schloss, viel Erbe und auch drei Liebste. Ja, das war gewiss nicht recht, aber ich bleibe dabei, sie hatte drei Liebste zugleich.

Eines Tages sind die Geliebten jedoch jeder des andern gewahr geworden und haben das unvorsichtige Mädchen so schlimm beschuldigt und bedroht, dass sie nach Frau Holle geschrien hat, ihr zu helfen. Die hat aber auch keinen Gefallen an solchem Tun gefunden, sie hat die schöne Dörte mitsamt ihrem Schloss fünf Bogen weit hinter dem Kulenwirt in die Tiefe verwunschen. Dort sollte sie so lange schlafen, bis einmal ein junger, mutiger Bursche den Weg dorthin fände.

Aber die drei Betrogenen hat sie zu Laubfröschen gemacht, weil solche Dummköpfe auch kein besseres Los verdienen. Das Gerücht von der schönen verzauberten Dörte hat nun allerlei Volk herbeigelockt. Es ist jedoch niemandem gelungen, so tief in den Sandberg einzudringen, dass er das Schloss der armen Verwunschenen erreichen konnte.

Am eifrigsten hat sich ihr Nachbar, der schlimme Kulenkröger, versucht. Das ist ein Unhold, der unter der Erde seine Schenke hat. Es scheint aber mit höllischer Blendung zugegangen zu sein. Der Kulenkröger hat sich eine Höhle nach der andern gewühlt, hat sich jedoch, obschon Fuchs und Dachs ihm peilen halfen, jedesmal aufs Ärgste verirrt. Und soviel er vorher vor allen Gästen geprahlt hatte, er ist meist nur mit Mühe und Atemnot hundert Klafter abseits aus der Erde hochgekommen, und die Bauernjungen haben mit Steinen nach ihm geworfen.

Da hat er sich wieder in seinem unterirdischen Dorfkrug hinter den Schanktisch gestellt, hat sein trübes Bier verzapft und den Segen des ehelosen Lebens gepriesen.

Nun waren da zu der Zeit drei Studenten, die waren sommers als Puppenspieler bis Holland und Dänemark gezogen. Als der Herbst ins Land kam, wollten sie mit praller Geldkatze zu ihren Büchern und Bräuten heim, kehrten aber zuvor noch einmal bei den Zwergen ein, bei ihren unterirdischen Freunden, um eins zu trinken. Der Jüngste von den dreien, der Rolwes hieß, hatte nämlich noch keinen Schatz und konnte sich nicht drein finden, dass ihr schönes Wandern zu Ende sei. Und die Zwerge, die selbst gute Schauspieler sind, freuten sich über solchen Besuch immer aufs Beste.

Nun kamen mit den fahrenden Burschen zugleich drei kleine Kriegsknechte und Saufgesellen aus jenem Zwergenvolk zu den ihren zurück, die hießen Huddel, Buddel und Kuddel. Sie hatten sich viel in der Welt umgetan und brachten manches Beutestück heim. Weil sie indes mit ihrem baren Geld gerade am Ende waren, griff einer in seinen Ranzen und bot das erste Beste, was er in die Hand bekam, zum Verkauf feil. Es war ein altes Paar Tag- und Nachtmützen, die wunderbare Eigenschaften haben sollten.

Die Zwerge haben ja an dergleichen Zauberwerk selbst genug, aber Rolwes erbot sich, dafür eine Runde zu geben. Sie wurden handelseinig, und der Student setzte sich zum Scherz einmal die Tagmütze auf. Im gleichen Augenblick sah er weit unter der Erde hindurch bis zum Kulenkröger und sogar an ihm vorbei unter Hügeln und Wurzeln entlang bis in einen großen Saal, in dem ein wunderschönes Mädchen tief schlafend am Tisch saß. Dem Burschen wurde unheimlich zumut. Rasch zog er die Mütze ab, da hockte er wieder bei seinen Freunden.

Nun wollte er es auch einmal mit der Nachtmütze versuchen. Aber der Älteste der Unterirdischen winkte ab; er könne das Schnarchen nicht vertragen, sagte er. Da wusste Rolwes Bescheid, was es mit der Nachtmütze für eine

Bewandtnis hatte, und steckte sie in die andere Tasche.

Als sie genug getrunken und sich von den Gastgebern feierlich verabschiedet hatten, nahmen die Wandergesellen. Puppenkästen und Klampfen unter den Arm und wollten vor der Nacht noch Quartier suchen.

Nun kamen die Studenten gerade gegenüber der Höhle des unterirdischen Wirts, des Kulenkrögers, aus der Tiefe ans Tageslicht. Und weil sie noch immer in guter Stimmung waren und in ihrem Übermut sangen, tat der Dicke sein Tor auf und schleuderte wie zufällig zwei Stiefel in ihren Weg.

Seht ihr einen alten Schuh am Wegesrand, geht vorsichtig damit um! Wenn nämlich der Kulenkröger Gäste fangen will, wirft er solch altes Zeug in den Weg, und wer's aufnimmt, ist ihm verfallen.

Als die Wanderburschen die Dinger nur eben besahen und zwei von ihnen im Scherz einmal hineinschlüpfen wollten, hui, da wünschten sie sich gleich den ganzen Heidberg zu einem dicken Bierfass um. Schon mussten sie mit Puppenspiel und Klampfe zum schlimmen Wirt hinabrutschen, und sogar der dritte, das war ja wieder der arme Rolwes, lief hinterdrein, obwohl er keinen Schuh abbekommen hatte.

Für den Kulenkröger war das gerade der richtige Fang. Es war noch keine rechte Stimmung in seiner Schenke. Da saßen zehn dürre alte Lattensänger, die nichts tranken, und kiebitzten den Füchsen und Dachsen in die Karten, und, ein wenig abseits arbeiteten sieben Hasen - das sind die Briefboten der Unterirdischen - und sichteten eilfertig die Post.

Als aber die Wanderburschen mit den Durstschuhen eintraten, begann es hoch herzugehen. Gleich mussten sie mit der Klampfe heraus und dann mit dem Puppenspiel! Da machten die Hasen Männchen, und die Dachse grinsten. Der Jüngste von den drei Schauspielern, Rolwes, hatte aber nicht viel Lust zum Werk. Er musste immer an das schlafende, schöne Mädchen denken, das er hinterm Hügel gesehen hatte. Er hörte auch, wie der Fuchs den Kulenwirt neckte und ihn fragte, warum er keine Jungfer zum Tanzen habe und wann er die verzauberte Dörte endlich erlösen werde. Es tat ihm leid, dass er heute langweilig war und dem Spiel der andern nicht folgen konnte. Und weil er in der Tasche gerade die Tagmütze fühlte, meinte er, sie werde ihn fröhlicher machen und setzte sie auf. In dem Augenblick sah Rolwes wieder jenen Weg unter dem Sand hindurch. Er wurde sehr wach, strengte sich an und lugte immer weiter, erst in ein großes Schloss, dann in einen Saal, und schließlich sah er wieder das schlummernde Mädchen. Nun wusste er auch, was er all die Stunden im Kopf gehabt hatte, und wurde froh. Wie er die Schlafende aber lange anschaute, richtete die sich wahrhaftig in ihrem Stuhl auf, hob die Hände und blickte sich so traurig um, dass der Bursche kaum an sich halten konnte. Sogleich wollte er zu ihr und fragen, warum sie so betrübt sei.

Ob er das Bier nicht möge, oder was ihm in die Krone gefahren sei, schalt der Kulenkröger barsch dazwischen. Er sah dem Studenten wohl etwas Verdächtiges an und war immer eifersüchtig, dass ein anderer ihm einmal bei der verzauberten Dörte zuvorkommen könnte.

Nichts hätte er, sagte Rolwes, aber der Alte schielte ihn böse an, trommelte laut auf den Tisch, und alle argen Gäste warteten und hofften, dass ein Zwist käme und dass sie dabei ohne Bezahlung davon schleichen könnten.

Was er da für eine verrückte Mütze aufgesetzt habe, fragte der Unhold wieder rauflustig. Gewiss sei er ein Aushorcher oder noch etwas Schlimmeres.

Von der Art hätte er noch eine, sagte der Student gemächlich und zog die Nachtmütze heraus.

Gleich hatte der alte Gierhals ihm diese aus der Hand gerissen und sich selbst über die Ohren geschoben. Und alle Gäste lachten und redeten ihm zu, wie gut sie ihm stände.

„Gefällt sie dir?" fragte auch der Student.

„Ja, die ist schön", antwortete der Kulenkröger sanft, und er sagte diesmal die Wahrheit. Ihm war so recht wundermüde zu Sinn, er geriet mitten in einen Traum. Oh, er war ganz klein und noch ein unschuldiges Kind. Er wusste auch nicht mehr, wie abscheulich er schnarchte, noch sah er, wie hässlich sein Bauch zwischen zwei Fässern hing. Auf dergleichen hatten die schlechten Gäste, Dachse, Lattenkerle, und was da sonst war, schon lange gelauert. Sie verzogen sich heimlich, einer nach dem andern, ohne zu zahlen. Unser Rolwes aber erspähte, gerade am dicken Wirt vorbei, den unterirdischen Weg zur schönen Dörte, und er machte sich gleich auf, ihn zu gehen.
„Wo willst du hin?" brummte der Kulenkröger halb im Schlaf.
„Nach dem Lande Hule-Hule!"
„Was gibt es da zu trinken?" seufzte der Kulenkerl.
„Will eben schauen und verdauen", flüsterte der Student nach einem alten Reim und kletterte über ihn hinweg.
Und dann tappte er sich durch Keller und Küche des unholden Wirtshauses, sah das Mädchen schon näher und fand wahrhaftig eine rostige Tür, die vor ihm aufging. Als er sich da hineinzwängte, sprang bald ein Licht nach dem andern an, immer heller blinkend, bis es fast Morgen wurde und ein großes Schloss vor ihm lag. Tore taten sich weit vor ihm auf, das verzauberte Fräulein Dörte jedoch öffnete die Augen und wurde rot vor Freude, dass solch ein frischer junger Bursche statt des alten Kulenkrögers zu ihr kam, von dem sie schon immer schlimm hatte träumen müssen.
Ja, als der Student kaum ihre Hand berührt hatte, um ihr seinen Gruß zu bieten, dröhnte ein Donnerschlag, öffnete sich der Berg, und Hof und Tor und Garten stiegen im Sturmwind nach oben.
Brauche ich noch zu erzählen, wie vergnügt die Hochzeit der beiden gewesen ist und was für ein Gesicht der Kulenkröger dazu gemacht hat? Ich glaube, es ist nicht nötig.

Etwas anderes fällt mir ein. Wenn ich in dieser Zeit in einem Haselbusch quak, quak höre, weiß ich, dass da irgendwo drei grüne Gecken herumhopsen. Die warten, dass drei Jungfern kommen, um sie zu erlösen, gleichwie der Student es an der schönen Dörte tat. Aber das geht nicht so rasch, Mädchen haben ja längst nicht den Mut wie unsereins.

Brauchtum & Aberglaube zum Alptraum

In manchen Gegenden glaubte man, der Alp (auch Mahr, Mahrt, Schratt, etc), der einen des nachts drückt und quält, sei der Geist eines Verstorbenen - man befreite sich vom Alpdruck, indem man heilige Messen für den Toten lesen ließ.

Nach mittelalterlichem Glauben entsteht der Alp aus „unzeitigen" Kindern (d.h. Frühgeburten).

Der Alpdruck kann jedoch auch von einem lebenden Menschen herrühren, der seine Seele oder seinen Geist als Alp aussendet, oft in Form eines Schmetterlings, der dem Sender des Alps aus seinen (zusammengewachsenen) Augenbrauen entspringt.

Wenn ein junger Mann stark an seine Liebste denkt, kommt sie in der folgenden Nacht als Mahrt (Alp) zu ihm.

Zum Alp wird ein Kind, das mit Zähnen zur Welt kommt. Gibt man diesem Kind als erstes Fleisch (d.h. die Mutterbrust) in den Mund, wird es später als Alp die Menschen drücken. Zum Alp werden auch Kinder, die in der Gespensterstunde geboren werden, ferner solche, bei deren Geburt die Mutter in den Wehen den Teufel anrief, oder mit dem Kind nicht an der Kirchentür gewartet hat, bis der Priester sie hereinrief, oder bei deren Taufe ein Fremder durchs Schlüsselloch der Sakristei zugeschaut hat.

Die Haupttätigkeit des Alps ist das Drücken. Hierzu kommt er nachts (nur zwischen Mitternacht und ein Uhr) durchs Schlüsselloch, durch ein Astloch in Tür oder Wand, durchs Hühnerloch, durch den Rauchfang oder sonst auf geheimnisvolle Weise (aber nie durch das geöffnete Fenster, die geöffnete Tür) in die Schlafkammer. Sein Kommen kündigt sich durch Rauschen und Klingeln an, man hört ihn wie das Knabbern einer Maus oder den leisen Tritt einer Katze. Wacht sein Opfer noch, so bewirkt er durch Blick oder Anhauch, dass es einschläft. Dann stürzt er mit einem Satz auf die Brust des Schläfers oder kriecht ihm langsam von den Füßen herauf zur Brust, die er mit seinem schweren Gewicht drückt, zum Hals, den er würgt oder bis zum Mund, in den er seinen Finger oder seine haarige Zunge steckt, um den Schläfer zu erwürgen.

Um den Alp von Haus und Hof fernzuhalten, dient allgemein das magische Zeichen des Penta- oder Hexagramms, das an Tür, Bett, Wiege etc. gemalt oder geschnitzt wird. Gleichfalls abwehrend gilt ein kleines Gatter, das aus fünf schmalen, ineinander geschobenen Spänen von geweihtem Palmholz gefertigt wird.

Wer sich auf zwei Schemel setzt, ist ein Alp.

Der Alp lässt sich nicht in die Augen sehen, denn darin würde man sich verkehrt sehen, wie im Auge der Hexe.

Wenn man jede Nacht vom Alp geplagt wird, legt man einen Holzblock ins Bett und schläft selbst unter dem Bett.

Der Alp ist über diese Täuschung so erzürnt, dass er nicht wiederkommt.

Ein anderes Mittel ist es, den Alp zu fangen. Dazu erzählt der Volksmund folgende Geschichte:
Ein Müllersknecht aus der Gegend von Langnau wurde lange Zeit von einem Alp heimgesucht. Da atmete er einmal in der Nacht so schwer und brachte so bange Töne hervor, dass sein Schlafkamerad erwachte und schnell ein Licht anzündete. Da lag quer über dem Bett ein Strohhalm, den nahm er und verbrannte ihn. Der Müllersknecht schlief nun ruhig die ganze Nacht.
Als der Müllersknecht am anderen Tage in das Haus seiner Nachbarin kam, hatte diese Brandwunden an Händen und Füßen. Er aber war seitdem vom Alpdrücken befreit.

Das Schrattweible von Oberstdorf

In Oberstdorf im Allgäu lebte einst ein Bursche, der wurde des Nachts oft vom Alp geplagt. Und obschon er des Abends die Kammer gut verschloss und selbst das Schlüsselloch zustopfte, kam der Alp doch immer wieder. Da suchte der Bursch die Kammerwand ab und fand in einem Brett auf dem Boden ein kleines Astloch.

Wie nun der Alp des Nachts wiederkam, da streckte der Bursche einen Zapfen in das Astloch, damit der Alp gefangen sei und nicht mehr hinaus könne, und warf zugleich ein Kissen auf den Boden.

Am anderen Morgen saß ein schönes Mädchen auf dem Kissen. Die konnte nicht Rede stehen, wer sie sei und woher sie gekommen. Da sie aber nicht unrecht zu sein schien, behielt man sie als Magd im Haus. Sie war stets fleißig und brav und darum gefiel sie den Leuten wohl und vor allem dem Sohn. Der nahm sie bald gar zum Weib.

Sie lebten lange Jahre glücklich miteinander, wenn auch die junge Frau wie an einem heimlichen Gram litt. Da fragte sie eines Tages ihr Mann, warum sie denn so traurig sei. Sie antwortete: „Wenn ich nur wüsste, wer ich bin, woher ich stamme und wie ich in dieses Haus gekommen bin."

Da führte sie ihr Mann in die Kammer, zeigte ihr das Astloch im Boden und zog das Zäpflein heraus mit den Worten: „Sieh, da bist du hereingekommen."

Kaum hatte das Weib diese Worte gehört, da fuhr es durch das Astloch hinaus und kehrte nicht wieder.

Wie ein Alp geheilt wurde

Eine Magd im Oberland musste als Alp umhergehen. War sie unterwegs, so lag ihr Leib wie tot im Bett oder am Boden. Die Seele aber kroch in Gestalt einer weißen Maus aus ihrem Munde. Da sie aber so wenig schlief, war diese Magd immerzu krank und erschöpft, so dass ihr Herr dachte, sie müsste wohl ein Alp sein, und sie daher abpasste. Nachts um zwölf Uhr sah sie der Bauer in die Stube gehen, umfallen und eine weiße Maus zum Fenster hinaus zum Stall hin huschen. Er eilte zum Stall und nahm schnell ein Brett weg, das als Steg über die Mistlache zum Stalle führte. Da konnte die Maus nicht in den Stall kommen. Aber da der Alp auf jeden Fall etwas drücken muss, drückte er die große Eiche, welche im Hof stand. Anderntags war die Magd blau vom Drücken. Da nahm sie der Bauer unter vier Augen und sagte, was er gesehen. Die Magd weinte und entschuldigte sich, dass sie dieses Übel von ihrer Mutter geerbt habe. Der Bauer sagte, er wolle ihr helfen, wenn es möglich sei, möge es kosten, was es wolle.

Die Magd aber sagte: „Da müsste ich ja Euer schönstes Ross im Stall erdrücken."

Der Bauer war barmherzig und erlaubte ihr das. Und von der Stunde an war die Magd erlöst.

Der glückliche Martin

Obwohl Martin als Sohn armer Leute geboren wurde, die nicht einmal ein Häuschen besaßen, sondern in einer fremden Badstube wohnen mussten, war es doch von vornherein klar, dass es ihm auf dieser Welt gut ergehen würde, denn er kam mit einem Glückshäubchen zur Welt. Glückshäubchen heißen die Reste der Eihaut auf den Köpfen mancher Neugeborener. Sie sollen Glück bringen und die Fähigkeit verleihen, Geister zu sehen.

Waren es nun die Reden der Mutter, die oft auf diesen Umstand zurückkam, oder geschah es durch eine ihm innewohnende Ahnung, Martin war jedenfalls sicher, dass er zu Besserem bestimmt sei als seine Jugend mit Viehhüten und seine Mannesjahre mit Knechtsarbeit zu verbringen. Da es aber fürs erste nicht zu umgehen war, dass er Hüterjunge wurde, trieb er wenigstens die Kühe und Schafe in die Nähe der Landstraße, auf der alles daherkam, was nur irgend zur großen Welt gehörte: die Fuhren der Jahrmarktshändler, die Zigeunerkarren, die Gutsequipagen.

Am liebsten hielt er sich bei den Pforten auf, die das Dorf an seinen Ausgängen abschlossen. Die öffnete er vor den durchfahrenden Wagen und bekam dafür so manche Kopeke zugeworfen von den Leuten, denen er das lästige Ab- und Aufsteigen ersparte. Der Gutsherr allerdings gab ihm nie etwas für den kleinen Dienst, denn er war ein sehr geiziger Mann. Trotzdem freute sich Martin, wenn er ihm die Pforten öffnen durfte, denn der Anblick des vornehmen Gefährts mit Diener und Kutscher in Livree war ihm Belohnung genug. Es wurde sein größter Wunsch, einmal selbst so großartig auf dem Bock sitzen zu dürfen und herrschaftlicher Diener zu sein.

Als er aus der Kindheit heraus war, bat er seine Mutter, mit ihm zum Gutsgärtner zu gehen, der ein freundlicher Mann war, und ihn zu fragen, wie man es anstellen müsste um herrschaftlicher Diener zu werden. Der Gärtner vermittelte es auch wirklich, dass Martin im Schloss als Stubenjunge angestellt wurde, der dem Diener beim Schuhputzen und Kleiderreinigen zur Hand zu gehen hat.
Weil er anstellig war und einen klugen Kopf hatte, diente er sich allmählich auf und wurde, als er erwachsen war, wirklich Diener des Gutsherrn, gerade so, wie es sein Wunschtraum gewesen war. Er hatte sich zu einem großgewachsenen hübschen Burschen entwickelt, auf den die Weibsleute heimlich aus den Augenwinkeln schauten. Und sogar die junge Gutsherrin, des geizigen Mannes zweite Frau, sah ihn freundlich an und richtete manchmal ein Wort an ihn, ohne dass es dringend nötig gewesen wäre.
Es geschah aber, dass der Gutsherr auf der Jagd verunglückte und starb, ohne dass er Zeit gehabt hätte, seine Sünden zu bereuen. Die Gutsfrau weinte zuerst vor Schreck und Überraschung, hörte damit aber auf, als ihr zu Bewusstsein kam, dass sie nun ihren geizigen Aufpasser losgeworden war und als reiche Frau ein schönes, unabhängiges Leben führen konnte. Wo aber waren die Schätze, die der Geizige angehäuft hatte? Die Frau suchte überall nach ihnen, fand sie aber nicht. Mit dem Reichtum war es also fürs erste nichts, aber ebensowenig mit der erträumten Freiheit, denn der Tote gab sie nicht frei. Nacht für Nacht kehrte sein Geist zu ihr zurück und quälte sie mit Alpdrücken und schweren Träumen. Auch ging er in den Stall und jagte die Pferde mit Schlägen herum, dass sie an jedem Morgen schaumbedeckt mit verfilzten Mähnen dastanden und zu müde zur Arbeit waren. So vergingen drei Monate.
An einem Sonntagmorgen nickte Martin während der Predigt in der Kirche ein, denn er hatte am Sonnabend eifrig

getanzt und mit den Mädchen gescherzt und war gar nicht zum Schlafen gekommen. Nun aber sank er in so tiefen Schlummer, dass er nicht merkte, wie der Gottesdienst zuende war und die Kirchenbesucher hinausgingen. Er verschlief den ganzen Tag und erwachte erst, als es schon tiefe Nacht war. Zuerst meinte er, er hätte bloß einige Augenblicke verdämmert und der Vormittagsgottesdienst dauere noch immer fort, denn die Kirche war mit Leuten angefüllt, und der Prediger stand auf der Kanzel und redete. Als er aber genauer zusah, merkte er, dass es Nacht war und die Lichter brannten, und dass seine Banknachbarn ihm fremd waren. Dann aber erkannte er einige von ihnen als erst kürzlich Verstorbene und erriet, dass er in eine Totenversammlung geraten war. Zum Glück beachtete ihn niemand. Wahrscheinlich wurde er von den Gespenstern als ihresgleichen angesehen.

Als sie nach Schluss des Gottesdienstes hinausgingen, schloss er sich ihnen an. In der Tür traf er mit seinem verstorbenen Gutsherrn zusammen und wurde von ihm angeredet: „Sieh mal einer an, Martin, du auch hier? Wann bist du denn gestorben?"

„Vor drei Wochen", log Martin schnell.

,,Das habe ich noch nicht gewusst", meinte der Herr. „Komm jetzt mit mir."

Martin zögerte. „Wie schickt sich denn das für mich? Ich bin ja bloß ein Diener."

„Weißt du nicht, dass der Tod alle Stände gleich macht? Wir stehen jetzt einer wie der andere. Komm nur mit, wir wollen zusammen ins Schloss gehen und uns einen Spass machen!"

Martin musste sich fügen und ging mit dem Herrn. Unterwegs sah er einen Handschuh am Wege liegen und hob ihn auf. Er war steif und hart gefroren.

Als sie im Gutshof angekommen waren, sprach der Herr: „Zuerst wollen wir die Pferde tüchtig quälen!"

Er trat als erster in den Stall. Die Pferde gaben keinen Laut von sich. Als aber Martin nach ihm hereinkam, wieherten sie ihm freudig entgegen. Das machte den Herrn stutzig. „Hör mal, Martin, wie kommt das? Bist du am Ende gar nicht tot? Reich mir deine Hand, dass ich sie anfühle!"

Martin zog schnell den gefrorenen Handschuh über und reichte ihn dem Gutsherrn. „Es stimmt", meinte dieser beruhigt. „Deine Hand ist eiskalt. Nun hilf mir die Pferde jagen!"

Martin taten die Tiere leid, aber er konnte nicht verhindern, dass sie geschlagen und hin- und hergerissen wurden, bis sie schaumbedeckt und zitternd dastanden.

„Jetzt sind wir hier fertig", sagte der tote Herr. „Geh du zu den Mägden und erschrecke sie tüchtig. Ich will unterdessen meine Frau plagen, damit sie nicht vergisst, wer ihr Herr ist und Macht über sie hat. Ehe der Hahn kräht, müssen wir wieder auf dem Kirchhof sein. Ich werde dich hier abholen."

So ging der Herr zur Frau, riss sie an den Haaren, würgte sie und drückte ihr die Brust zusammen. Unterdessen trieb Martin sein mutwilliges Unwesen in der Mägdekammer und belustigte sich herrlich.

Als sein Herr ihn herausrief, belobte er ihn: „Das hast du gut gemacht. Die Mädchen haben so laut gekreischt, dass ich es schon auf der Treppe gehört habe. Aber nun wollen wir uns beeilen, dass wir zur rechten Zeit in unsere Gräber kommen."

Unterwegs fasste Martin sich ein Herz und fragte: „Wie ist es, werden wir immer weiter jede Nacht hierherkommen so wie heute?"

„Ja, sicher", antwortete der Herr, „es sei denn, dass jemand Lebendes dreimal mit der linken Ferse an unser Grab stößt und dazu sagt, hier sollst du liegen bleiben!'"
Martin merkte sich die Worte genau. Laut sagte er: „Ich hätte nicht gedacht, dass es nach dem Tode so lustig zugehen könnte. Wir sind ja fast besser dran als die Lebenden."
Der Herr lachte: „Ja, meine Frau hat sich ihre Lage nach meinem Tode auch anders vorgestellt."
„Nach den hinterlassenen Reichtümern hat sie jedenfalls vergeblich gesucht", meinte Martin.
Der Herr grinste. „Die wird sie auch nicht finden, die sind zu sicher versteckt in meinem Schreibzimmer unter dem Fußboden am Ofen."
Martin freute sich mächtig, dies alles erfahren zu haben, aber er zeigte es nicht, denn er war noch keineswegs in Sicherheit. Noch konnte der Tote Verdacht schöpfen, den Betrug erkennen und ihm den Hals durchbeißen.
Wie groß war daher sein Schreck, als der Herr, auf dem Kirchhof angekommen, sagte: „Zeig mir schnell dein Grab, damit ich dich morgen Nacht leichter auffinden kann!"
Aber Martin fasste sich und antwortete bescheiden: „Nein, Herr, es ist nur schicklich, wenn ich euch wenigstens das erstemal an eure Gruft geleite. Späterhin mögt ihr mich noch oft besuchen."
Der Herr war es zufrieden, verabschiedete sich an seinem Grabe von Martin und schlüpfte hinab in sein kühles Bett. Kaum war er drin, so schlug Martin mit der linken Ferse ans Grab und rief dreimal: „Hier sollst du liegen bleiben!"
Der Herr unten fing an zu schreien und zu schimpfen. „Du Betrüger, du Lump, du letzter Teufel! Du bist also doch noch ein Lebender! Hätte ich das gewusst, hätte ich dich in Stücke gerissen und zu Brei zerdrückt!"
In diesem Augenblick krähte der Hahn in der Ferne. Die Stimme des Toten wurde immer leiser und verstummte. Der Herr war von nun an in sein Grab gebannt.

Martin machte, dass er heimkam und überbrachte der Gutsherrin gleich am Morgen die frohe Botschaft, dass er sie und das Haus von dem bösen Quälgeist befreit habe, der sie jede Nacht als Alp heimgesucht hatte. Als kluger Mann sagte er ihr aber fürs erste nichts von dem Geldversteck. Erst, als sie ihm zu verstehen gegeben hatte, dass sie ihn gern als ihren Schatz und als des Hauses Herrn gesehen hätte, war er sicher, dass sie sich nicht mit dem Goldschatz allein begnügen würde und eröffnete ihr das Geheimnis.

Sie heirateten nach Ablauf des Trauerjahrs. Nun hatte der glückliche Martin alles, was er sich nur wünschen konnte: Reichtum und Ehre und Ansehen und eine vornehme und schöne junge Frau dazu.

Der Mann, der nicht schlafen konnte

Es war einmal ein junger Mann, der war so unermesslich faul, dass niemand glaubte, dass er es jemals im Leben zu etwas bringen werde. In verschiedenen Handwerken hatte er sich versucht, aber keines gefiel ihm, denn überall musste er ja doch arbeiten, und das lag ihm ganz und gar nicht.

Schließlich kam ihm der Gedanke, sich als Soldat zu verdingen. Er durchstreifte ein ganzes Jahr lang die Welt, peinigte die Armen, stahl sich durch und aß und trank, soviel ihn gelüstete. Aber auch dieser Beruf machte ihm bald kein Vergnügen mehr, denn mehr als nur einmal war er vom Kommandanten bestraft worden, war er doch nicht beim ersten Trompetenstoß aufgestanden oder war betrunken ins Quartier zurückgekommen und hatte Unheil gestiftet. Daher nahm er eines Tages seinen Abschied und zog fort.

Die ersten drei Tage ging alles gut, denn er hatte etwas Geld im Beutel. Am Morgen des vierten Tages aber warf ihn der Wirt hinaus, weil er die Zeche nicht bezahlen konnte. Da setzte er sich niedergeschlagen ins Gras und überlegte, dass es ihm nichts ausmachen würde, wäre er für sieben Jahre dem Teufel verschrieben, könnte er währenddessen nur nach Herzenslust essen und trinken und müsste nicht arbeiten. Er hatte kaum den Gedanken zu Ende gedacht, als er ein schönes Mädchen über die Wiese kommen sah. Sie trug in der einen Hand ein großes Stück Brot, in der anderen einen Krug Wein. Der Hungrige rief ihr nach: „Wohin gehst du?"

Sie antwortete: „Bist du hungrig, hier ist Brot
        auch für den Durst hat's keine Not,
        wenn du mit mir Hochzeit hältst,

nie in Not mehr du verfällst.
Das Beste gar aus Küch' und Keller
hast du stets auf deinem Teller."
„Meiner Treu", rief da der Soldat, „wenn es weiter nichts ist, so tu ich's mit dem größten Vergnügen."
„Das ist ein Wort", sprach das Mädchen. „Es gilt. Ich bin jetzt deine Frau. Trink aus dem Krug und folge mir."
Sie reichte ihm den Krug, und der Soldat nahm einen tüchtigen Schluck. Dann gingen sie zusammen über die Wiese. Unterwegs fiel dem Soldaten auf, dass das Mädchen einen behenden, hüpfenden Gang hatte. Er fand daran Gefallen und dachte bei sich, was habe ich da doch für eine flinke Frau gefunden? Nachdem sie die Wiese verlassen hatten und einen Weg betraten, hörte er die Steine unter den Füßen seiner Frau klingen, als schlügen Hämmerchen darauf. Auch daran fand er Gefallen, und er dachte bei sich, was für hübsche Schühchen sie hat!
Sie kamen in einen großen Wald. In dessen Mitte stand ein schönes Haus.
„Hier wohne ich", sprach das Mädchen. „Du kannst in diesem Haus essen und trinken, soviel du begehrst, und du brauchst das ganze Jahr über, vom ersten bis zum letzten Tage, nichts zu arbeiten."
„Das ist genau das Richtige für mich", antwortete der Soldat, „wohlan denn, trage mir das Essen auf!"
Kaum hatte er die Worte gesprochen, da stand der Tisch auch schon da und war gefüllt mit den allerbesten Speisen und erlesensten Weinen. Der Soldat nahm mit seiner Frau Platz, und sie aßen und tranken bis spät in die Nacht hinein. Endlich waren sie satt und hatten genug. Da sprach der Soldat: „Meine liebe Frau, mein Schatz, jetzt wollen wir uns ausziehen und ins Bett gehen."
Das Mädchen fing an, sich zu entkleiden, aber was sah da unser Soldat, als sie die Röcke fallen ließ? Anstelle von Frauenfüßen hatte sie die Hufe einer Geiß!

„Was zum Teufel soll das bedeuten!" rief er, „habe ich denn eine Geiß geheiratet!"

„Eine Geiß?" rief das Mädchen. „Bist du denn so betrunken, dass du mich für eine Geiß hältst?"

Sie stieß ihn aufs Bett, zog sich rasch wieder an und verließ bebend vor Zorn das Haus. Unser Soldat lag nun ganz benommen auf dem Bett. Er war so betrunken, dass jeder andere in der gleichen Lage auf der Stelle eingeschlafen wäre. Er fand aber keine Ruhe und fragte sich, ob er ein Opfer seiner Trunkenheit war oder ob das Mädchen tatsächlich Geißenfüße hatte.

Schließlich sprach er zu sich selbst: „Es ist doch töricht von mir, über dergleichen Dinge nachzudenken. Sie wird ja doch morgen wiederkommen, und ich kann der Sache dann auf den Grund gehen. So will ich jetzt schlafen."

Doch der Schlaf wollte nicht kommen. Er wälzte sich auf die linke und auf die rechte Seite. Er legte sich auf den Rücken, doch der Schlaf wollte nicht kommen. Bis der Morgen graute, lag er wach.

Zerschlagen und müde stand er auf und sprach: „Oft habe ich erlebt, dass einen Mann nach durchwachter Nacht nichts besser wieder auf die Beine stellt als ein gutes Essen zu einem tüchtigen Schluck Wein."

Er hatte kaum die Worte gesprochen, da kam das Mädchen auf behenden Füßen fröhlich tänzelnd herein und fing an, den Tisch zu decken.

Als sie fertig war, sprach sie zu ihrem Mann: „Komm zu Tisch, wir wollen es uns schmecken lassen!"

Wieder speisten sie bis spät in die Nacht hinein. Immer wieder versuchte der Soldat, die Füße seiner Frau zu Gesicht zu bekommen. Ihr Kleid fiel aber tief herab, und er konnte nichts erkennen. Als er zuviel getrunken hatte wie am Abend zuvor, erhob er sich schwankend und sprach: „Ich denke, es ist Zeit zum Schlafengehen. Jetzt wollen wir uns ausziehen."

Das Mädchen zog das Kleid aus, und der Soldat erblickte zwei Geißenfüße. „Der Teufel soll mich holen", rief er, „wenn du nicht zwei Geißenfüße hast!"
„Geißenfüße, Geißenfüße", schimpfte das Mädchen, warf ihn aufs Bett und ging voller Zorn hinweg.
Der Soldat blieb liegen, war noch verwirrter als am Abend zuvor und fand wieder keinen Schlaf. Obschon er todmüde war, konnte er kein Auge schließen.
„Ach", dachte er, „ich gäbe die beste Flasche Wein für ein Viertelstündchen Schlaf". Doch der Schlaf wollte die ganze Nacht nicht kommen. Am Tage bekam er wieder Hunger und Durst. Kaum hatte er daran gedacht, da kam das Mädchen auch schon fröhlich tänzelnd herein und deckte den Tisch. Sie forderte ihn auf, Platz zu nehmen, und der Tag verging wie die anderen, und die Nacht verging wiederum ohne Schlaf.
Ein ganzes Jahr lang ging es so. Das gute Essen und Trinken nützte dem armen Tropf, der nicht schlafen konnte, wenig. Er wurde mager wie der Gockelhahn auf dem Kirchturm. Schließlich verlor er auch noch den Appetit. Weil das Mädchen aber nur zu ihm kam, wenn er nach Essen und Trinken verlangte, sah er sie nun manchmal zwei oder drei Tage nicht.
Eines Tages, als er auf der Türschwelle saß und über sein Unglück jammerte, kam plötzlich ein kleines graues Männchen zu ihm und sprach: „Guten Tag, Kamerad. Was jammerst du denn so?"
„Warum sollte ich nicht jammern und klagen", antwortete der Soldat. „Ich habe zu essen und zu trinken, so viel ich nur will, ich brauche nicht zu arbeiten, und doch weiß ich nicht, ob meine Frau eine Geiß ist. Meine noch größere Qual aber ist, dass ich nicht schlafen kann. Seit einem ganzen Jahr habe ich kein Auge zugetan."
„Wenn es weiter nichts ist", sprach das graue Männchen, „so will ich dir das Heilmittel in die Hand geben. Hebe die-

sen Steinbrocken und trage ihn zum Waldrand. Gehe dann zurück und leg dich nieder. Du wirst dann eine Viertelstunde schlafen können."
„Wie soll ich denn den Stein schleppen, er ist doch viel zu schwer", rief der Soldat. „Sage mir ein anderes Mittel!"
Aber das graue Männchen war schon verschwunden.

Als einige Zeit vorübergegangen war, stand der Soldat jedesmal auf, wenn er zu sehr unter dem mangelnden Schlaf litt, lud sich den Steinbrocken auf die Schultern und trug ihn ächzend und stöhnend zum Waldrand. Dort hatte er kaum den Stein abgeworfen, als seine Lider schwer wurden. Er fand kaum Zeit, bis nach Hause zu kommen, wo er eine Viertelstunde tief und fest schlief.

Als er erwachte war er hungrig und durstig und rief: „Meine liebe Frau wo bist du?" Die Frau kam wie üblich herein und deckte den Tisch. Sie war aber nicht mehr so munter wie vorher, und auch die Speisen mundeten nicht mehr so gut. Der Wein war ebenfalls schlechter.

Trotzdem aß er aber wieder tüchtig und trank so viel, dass er am Abend betrunken war. „Lasst uns zu Bett gehen", sprach er zu seiner Frau. Diese aber ging aus dem Zimmer, anstatt sich zu entkleiden, und ließ ihn allein.

Er versuchte wieder zu schlafen, aber es gelang ihm nicht. Am Morgen litt er so sehr unter dem Schlafmangel, dass er beschloss, wenn es ihm auch noch so schwer fallen würde, den Stein vom Waldrand zu holen. Nach getaner Tat schlief er wieder eine Viertelstunde. Danach rief er seine Frau, die so missmutig erschien wie am Tage zuvor. Sie deckte den Tisch in liebloser Weise, und als der Abend kam, verließ sie ihn. So verging wieder ein ganzes Jahr.

Der Soldat hatte sich so daran gewöhnt, den Stein zu tragen, dass es nun ein Leichtes für ihn war.

Eine Viertelstunde Schlaf reicht freilich nicht aus, um einen Mann wieder auf die Beine zu stellen. Und so kam es, dass es unserem Soldaten am Ende des Jahres nicht besser erging als im Jahre zuvor.
Wieder setzte er sich auf die Türschwelle und jammerte und klagte über sein Geschick. Wieder erschien das graue Männchen.
„Was jammerst du denn so?" fragte es.
„Warum sollte ich nicht jammern und klagen", antwortete der Soldat. „Ich habe genug zu essen und zu trinken und brauche nicht zu arbeiten. Bei alledem weiß ich aber nicht, ob meine Frau eine Geiß ist. Meine größte Qual aber ist, dass ich nicht länger als eine Viertelstunde am Tag schlafen kann."
„Wenn es weiter nichts ist", sprach das graue Männchen, „so nimm den Stein, trage ihn zum Waldrand und trage ihn gleich wieder zurück. Dann wirst du eine halbe Stunde schlafen können."
Mit diesen Worten verschwand das Männchen.
„Ach", dachte der Soldat, „den Stein hintragen, das gelingt mir ja leicht, aber ihn sogleich wieder zurücktragen, das fällt mir doch schwer. Aber ich werde es versuchen."
Er lud sich den Stein auf die Schultern, trug ihn unter Ächzen und Stöhnen zum Waldesrand und wieder zurück. Kaum hatte er ihn niedergelegt, fiel er auch schon für eine halbe Stunde in tiefen, festen Schlaf. Als er erwachte, hatte er einen Appetit, wie er ihn seit zwei Jahren nicht mehr gehabt hatte. Er rief seine Frau. Sie kam mit einem noch viel verdrießlicheren Gesicht als zuvor, und sie deckte den

Tisch mit einfachen Speisen und schlechtem, zusammengemischtem Wein.

Der Soldat beachtete dies nicht weiter und aß gierig. Seine Frau erhob sich, bevor er fertig war und ging hinaus. Weil Wasser im Wein war, war der Soldat nur halb so betrunken wie sonst.

So verging wieder ein ganzes Jahr, und der Soldat hatte sich daran gewöhnt, den Stein hin und her zu tragen. Es fiel ihm nicht mehr schwer.

Am Jahresende setzte er sich wieder auf die Türschwelle. Er sprach: „Kleiner Grauer, wenn ich doch nur wenigstens eine Stunde schlafen könnte!"

Im selben Augenblick stand das graue Männchen vor ihm und sprach: „Wenn es weiter nichts ist, Kamerad, so trage den Stein bis zur Landstraße und wieder zurück. Dann wirst du eine Stunde lang schlafen können."

„Das ist freilich hart, bis zur Landstraße", dachte der Soldat. Nach einigem Zögern lud er sich den Stein aber doch auf die Schultern und zog los. Es ging gut bis zur Straße, aber der Weg zurück war sehr mühevoll. Dennoch gelang es ihm, auf diese Weise eine Stunde Schlaf zu finden.

Als er erwachte, war er vergnügt, aber hungrig, und rief seine Frau. Zornentbrannt wie ein Drache kam sie hereingestürzt und warf Brot und Rüben auf den Tisch. Dazu setzte sie ihm Wein vor, der zu drei Viertel Wasser enthielt. Kaum hatte er sich hingesetzt, da stand sie schon wieder auf und ging hinaus.

Der Soldat wunderte sich darüber. Weil er aber großen Hunger hatte, begann er zu essen. Und weil der wässrige Wein ihn nicht betrunken machte, konnte er mit klarem Kopf über sein Schicksal nachdenken.

So verging wieder ein Jahr. Als es zu Ende war, wünschte er sich zwei Stunden Schlaf.

Wieder erschien das graue Männchen. Es sprach, er solle den Stein bis zur Wiese tragen.

Das tat er denn auch. Er hatte große Mühe dabei, denn der Weg war gute zwei Meilen weit.

Danach aber legte er sich nieder und schlief zwei Stunden lang wie ein Murmeltier.

Man kann ahnen, mit welchem Appetit er erwachte.

„Meine liebe Frau", rief er, „bring mir das Essen!"

Die Frau öffnete die Tür, warf ohne hereinzukommen ein Stück Schwarzbrot ins Zimmer, stellte einen Krug voll Wasser vor die Schwelle, schlug die Türe zu und verschwand schimpfend.

„Jetzt ist sie verrückt geworden", dachte der Soldat. Weil er aber so hungrig war, merkte er gar nicht, wie einfach das Essen war.

Jeden Tag geschah es nun in der gleichen Weise. Und so verging wieder ein ganzes Jahr. Am Ende setzte der Soldat sich auf die Türschwelle und dachte: „Ich bin doch wirklich ein Narr, dass ich mich mit zwei Stunden Schlaf zufrieden gegeben habe. Zwei Stunden Schlaf reichen nicht aus, um mich wieder gesund und munter zu machen. Ich will schlafen wie alle Menschen."

Kaum hatte er zu Ende gedacht, da erschien auch schon das graue Männchen und sprach: „Ich weiß was du willst. Nichts ist leichter als das. Du brauchst den Stein nur an die Stelle zu tragen, wo du dem Mädchen zum ersten Mal begegnet bist."

„Ach herrje, das sind ja mindestens drei Meilen!" rief der Soldat. Dennoch lud er sich den Stein auf die Schultern und machte sich auf den Weg.

Als er zurückkehrte, war es schon dunkel. Er war schweißüberströmt und keuchte. Kaum hatte er sich niedergelegt, war er auch schon eingeschlafen. Er schlief tief und fest die ganze Nacht hindurch. Beim Morgengrauen erhob er sich, fühlte sich frisch und froh wie noch nie im Leben und hatte einen Bärenhunger.

„Meine liebe Frau", rief er, „bring mir zu essen!"

Kaum hatte er die Worte gesprochen, hörte er hinter dem Haus die Stimme der Frau wie Donnergrollen mit schrecklichem Gefluche.
Sie schrie: „Hol es dir doch selber!"
Im selben Augenblick war das Haus verschwunden. Der Soldat saß mitten im Wald. „Was tun?" fragte er sich. „Kleiner Grauer, kleiner Grauer, hilf mir!"
Das graue Männchen erschien und sprach: „Hier bin ich. Was willst du von mir?"
„Nun habe ich kein Obdach mehr", sprach der Soldat, „und meine Frau verweigert mir das Essen".
Das graue Männchen antwortete: „Bist du denn nicht imstande, selbst für dich zu sorgen? Deine Frau ist der Teufel, dem du dich deiner Faulheit wegen verschrieben hast. Mit meiner Hilfe hast du arbeiten gelernt. Gehe jetzt hinaus in die Welt, betrinke dich nicht mehr und mach etwas von Nutzen, wofür du deinen Lohn bekommst. Dann wirst du zufrieden sein."
Mit diesen Worten verschwand das graue Männchen. Der Soldat erhob sich, ging ins nächste Dorf, trat in die Dienste bei einem Baumeister und arbeitete fleißig ein ganzes Jahr lang. Schließlich kannte er alle Geheimnisse dieser Zunft und wurde selbst Meister.
Der König des Landes aber hatte eine Tochter, die war schöner als die Sonne. Viele Prinzen begehrten sie zur Frau. Aber sie sprach, sie wolle nur denjenigen zum Mann nehmen, der ein Schloss nach ihren Wünschen bauen könnte, eines, wie es die Welt noch nicht gesehen hat. Weil es nun nur wenige Baumeister unter den Prinzen gab, kamen nur klägliche Versuche zustande, die eher Ruinen glichen als Schlössern. Nach den Prinzen versuchten sich die Grafen, dann die einfachen Edelleute. Aber sie alle hatten keinen Erfolg.
Darüber war der alte König sehr traurig, denn das Mädchen war über zwanzig Jahre alt, und er hätte sie gerne vor sei-

nem Tode verheiratet gesehen. Unter Trommelwirbel ließ er daher verkünden, dass jeder, egal aus welchem Stande, seine Tochter zur Frau bekäme, dem es gelänge, das gewünschte Schloss zu bauen.

Sogleich meldeten sich viele Bewerber. Unter ihnen waren auch Baumeister. Aber so sehr sie sich auch bemühten, ihr Werk fand keinen Gefallen. Drei Meilen Land war schließlich mit Bauwerken bedeckt, aber keines erhielt die Zustimmung der Prinzessin.

Als unser Soldat das sah, fiel ihm das kleine graue Männchen ein. Eines Morgens ging er hinaus in den Wald, an die Stelle, wo früher sein Haus gestanden hatte.

Er fand das graue Männchen dort, und es begrüßte ihn und sprach: „Da bist du ja endlich. Ich habe lange auf dich gewartet. Du sollst für deine Arbeit und deinen Fleiß belohnt werden. Hier hast du einen Plan. Darauf habe ich dir gerade das Schloss gezeichnet, das die Prinzessin sich wünscht. Halte dich genau an diesen Plan, und der Bau wird dir gelingen."

Der Soldat dankte dem grauen Männchen und nahm den Plan mit sich. Nachdem er in die Stadt zurückgekehrt war, nahm er Arbeiter in seine Dienste, ließ die Gebäude der anderen abreißen und ebnete den Grund ein. Dann legte er die Fundamente für ein neues Schloss auf der Fläche von drei Meilen.

Als der König davon erfuhr, sprach er: „Ich will ihn gewähren lassen. Wenn man erkennen kann, was dabei entsteht, werde ich alles meiner Tochter zeigen."

Nach einem halben Jahr waren die Mauern schon ziemlich hoch.

Da erschien der König mit seiner Tochter.

„Wie gefällt es dir?" fragte sie der König.

„Ich finde es nicht schlecht", gab sie mit einem Lächeln zur Antwort, „und auch der Baumeister ist nicht übel. Sein Werk ist aber noch nicht vollendet."

Drei Monate später benachrichtigte der Soldat den König, dass nun das Schloss fertig gebaut sei. Dieser betrachtete es zusammen mit seiner Tochter. „Ist es so, wie du es dir gewünscht hast?" fragte er sie.

„Alles ist gut bis auf eines", antwortete die Prinzessin und ging hinweg. Der Baumeister verglich alles mit seinem Plan und konnte nichts entdecken, was noch gefehlt hätte. Drei Tage und drei Nächte suchte er. Dann kam ihm das graue Männchen in den Sinn. Er ging in den Wald und rief: „Kleiner Grauer, kleiner Grauer, komm und hilf mir!"

Das graue Männchen erschien und sprach. „Ich weiß, was dich bekümmert. Du hast dich genau an den Plan gehalten. Aber es gibt eine Kleinigkeit, die ich nicht eingezeichnet habe. Mitten im Hof musst du eine Säule aus blankem Kristall errichten. Auf ihre Spitze musst du den Stein setzen, den du so lange mit dir herumgeschleppt hast. Dies soll eine Erinnerung daran sein, dass du, wenn du König geworden bist, keinen Tag ohne Arbeit zubringen sollst."

Erleichtert und zufrieden kehrte der Baumeister in die Stadt zurück und tat sogleich alles, wie ihm geheißen war. Als er die Kristallsäule mit dem Stein auf der Spitze, den er so lange getragen hatte, errichtet hatte, bat er den König, sich das Schloss zusammen mit seiner Tochter noch einmal anzusehen. Sie kamen mit ihrem ganzen Hofstaat. Und als die Prinzessin die Kristallsäule erblickte, sprach sie: „Jetzt ist alles gut."

Darüber war der alte König glücklich. Noch glücklicher aber war der Baumeister. Die Hochzeit wurde mit großer Pracht gefeiert. Sieben Könige aus Nachbarländern kamen zu dem Fest und Edelleute aus der halben Welt.

Als später der alte König starb, wurde der einstige Soldat König. Wenn er heute noch lebt, so ist er der glücklichste König der Welt.

Des kleinen Hirten Glückstraum

Es war einmal ein sehr armer Bauersmann, der war in einem Dörflein Hirte, und das schon seit vielen Jahren. Seine Familie war klein, er hatte ein Weib und nur ein einziges Kind, einen Knaben. Doch diesen hatte er sehr frühzeitig mit hinaus auf die Weide genommen und ihm die Pflichten eines treuen Hirten eingeprägt, und so konnte er, als nun der Knabe herangewachsen war, sich ganz auf denselben verlassen, konnte ihm die Herde allein anvertrauen und konnte unterdessen daheim noch einige Dreier mit Körbeflechten verdienen.

Der kleine Hirte trieb seine Herde munter hinaus auf die Weiden und Raine, er pfiff oder sang manch helles Lied und ließ dazwischen laut seine Hirtenpeitsche knallen. Dabei wurde ihm keine Zeit lang. Des Mittags lagerte er sich gemächlich neben seine Herde, aß sein Brot und trank aus der Quelle dazu, und dann schlief er auch wohl ein Weilchen, bis es Zeit war, weiter zu treiben.

Eines Tages hatte sich der kleine Hirte unter einen schattigen Baum zur Mittagsruhe gelagert, schlief ein und träumte einen wunderlichen Traum: Er reiste fort, unendlich weit fort, ein lautes Klingen, wie wenn unaufhörlich eine Masse Münzen zu Boden fielen, ein Donnern, wie wenn unaufhörlich Schüsse knallten, eine endlose Schar Soldaten, mit Waffen und in blitzenden Rüstungen, das alles umkreiste, umschwirrte, umtoste ihn. Dabei wanderte er immerzu und stieg bergan, bis er endlich oben auf der Höhe war, wo ein Thron aufgebaut war, darauf er sich setzte, und neben ihm war noch ein Platz, auf dem ein schönes Weib, welches plötzlich erschien, sich niederließ.

Nun richtete sich im Traum der kleine Hirte auf und sprach ganz ernst und feierlich: „Ich bin König von Spanien."

Aber in demselben Augenblick wachte er auf.
Nachdenklich über seinen sonderbaren Traum trieb der Kleine seine Herde weiter, und abends erzählte er daheim seinen Eltern, die vor der Türe saßen und Weiden schnitzten, wobei er ihnen auch half, seinen wunderlichen Traum und sprach zum Schluss: „Wahrlich, wenn ich noch einmal träume, so gehe ich fort nach Spanien und will doch einmal sehen, ob ich nicht König werde."
„Dummer Junge", murmelte der alte Vater, „lass dich nicht auslachen!"
Und seine Mutter kicherte, klatschte in die Hände und wiederholte ganz verwundert: „König von Spanien, König von Spanien!"
Am andern Tag zu Mittag lag der kleine Hirte zeitig unter jenem Baum, und er träumte den selben Traum wie am Tage zuvor. Kaum hielt er es aus bis zum Abend. Gern wäre er nach Hause gelaufen, um sofort aufzubrechen nach Spanien. Als er endlich zuhause war, erzählte er wieder seinen Traum und sprach: „Wenn es mir nun ein drittes Mal träumt, so gehe ich auf der Stelle fort."
Am dritten Tage lagerte er sich denn wieder unter jenen Baum, und derselbe Traum kam wieder. Der Knabe richtete sich im Traume auf und sprach: „Ich bin König von Spanien", und darüber erwachte er wieder, raffte sogleich Hut und Peitsche und Brotsäcklein von dem Lager auf, trieb die Herde zusammen und geraden Wegs nach dem Dorfe zu.
Da fingen die Leute an mit ihm zu zanken, dass er so bald und so lange vor der Zeit eintreibe, aber der Knabe war so begeistert, dass er

nicht auf das Schelten der Nachbarn und der eigenen Eltern hörte, sondern seine wenigen Kleidungsstücke in ein Bündel schnürte, dasselbe an ein Nussholzstöckchen hing, über die Achsel nahm und so mir nichts, dir nichts fortwanderte. Am Abend erreichte er einen Wald, nirgends war ein Dorf oder ein einzelnes Haus, und so beschloss er, in diesem Wald in einem dichten Busch sein Nachtlager zu suchen. Kaum hatte er aber zur Ruhe sich niedergelegt und war entschlummert, als ein Geräusch ihn wieder weckte. Es zog eine Schar Männer in lautem Gespräch an dem Busch vorüber, in welchem er lag. Leise machte der Knabe sich hervor und ging den Männern in einer kleinen Entfernung nach, und dachte, vielleicht findet sich doch noch eine Herberge heute Nacht.

Gar nicht lange waren sie gewandert, als ein sehr ansehnliches Haus vor ihnen stand, mitten im dunkeln Wald. Die Männer klopften an, es wurde aufgetan, und neben den Männern schlüpfte auch der Hirtenknabe mit hinein in das Haus. Drinnen öffnete sich wieder eine Türe, und alle traten in ein großes, nur spärlich erhelltes Zimmer, wo auf dem Fußboden viele Strohsäcke, Betten und Decken lagen, die zum Nachtlager der Männer bereit gehalten schienen. Der kleine Hirtenbub verkroch sich schnell unter einem Strohhaufen, welcher nahe an der Türe aufgeschichtet war, und lauschte nun auf alles, was er nur aus seinem Versteck hören und wahrnehmen konnte.

Bald kam er dahinter, dass diese Männerschar eine Räuberbande sei, deren Hauptmann der Herr dieses Hauses war. Dieser bestieg, als die Mitglieder der Bande sich hingelagert hatten, einen etwas erhöhten Sitz und sprach mit tiefer Stimme: „Meine braven Gesellen, berichtet von eurem heutigen Tagewerk, wo ihr eingebrochen seid, und was ihr erbeutet habt!"

Da richtete sich zuerst ein langer Mann mit kohlschwarzem Bart auf und antwortete: „Mein lieber Hauptmann, ich habe heute früh einen reichen Edelmann seiner ledernen Hose beraubt, diese hat zwei Taschen, und so oft man sie umkehrt und tüchtig schüttelt, fällt ein Häuflein Dukaten heraus auf den Boden."

„Das klingt sehr gut!" sprach der Hauptmann.

Ein anderer Mann trat auf und berichtete: „Ich habe heute einem General seinen dreieckigen Hut gestohlen. Dieser Hut hat die Eigenschaft, wenn man ihn auf dem Kopf dreht, dass unaufhörlich aus den drei Ecken Schüsse knallen."

„Das lässt sich hören!" sprach der Hauptmann wieder.

Und ein dritter richtete sich auf und sprach: „Ich habe einem Ritter das Schwert geraubt. Wenn man dasselbe mit der Spitze in die Erde stößt, ersteht augenblicklich ein Regiment Soldaten."

„Eine tapfere Tat!" lobte der Hauptmann.

Ein vierter Räuber erhob sich nun und begann: „Ich habe einem schlafenden Reisenden seine Stiefel abgezogen, und wenn man diese anzieht, legt man mit jedem Schritt sieben Meilen zurück."

„Rasche Tat lobe ich!" sprach der Hauptmann zufrieden, hängt eure Beute an die Wand, und dann esst und trinkt und schlafet wohl."

Die Räuber zechten noch wacker und fielen dann in festen Schlaf. Als alles still und ruhig war und die Männer allesamt schliefen, machte sich der kleine Hirte hervor, zog die ledernen Hosen an, setzte den Hut auf, gürtete das Schwert um, fuhr in die Stiefel und schlich dann leise aus dem Haus. Draußen aber zeigten die Stiefel zur Freude des Kleinen schon ihre Wunderkraft, und es dauerte gar nicht lange, so schritt das Bürschchen zur großen Residenzstadt Spaniens hincin; sie heißt Madrid.

Hier fragte er den ersten besten, den er antraf nach dem größten Gasthof, aber er erhielt zur Antwort: „Kleiner Wicht, geh du hin, wo deinesgleichen einkehrt, und nicht, wo reiche Herren speisen."

Doch ein blankes Goldstück machte jenen gleich höflicher, so dass er nun gerne der Führer des kleinen Hirten wurde und ihm den besten Gasthof zeigte. Dort angelangt, mietete der Jüngling sogleich die schönsten Zimmer und fragte freundlich seinen Wirt: „Nun, wie steht es in eurer Stadt? Was gibt es hier Neues?"
Der Wirt zog ein langes Gesicht und antwortete: „Herr, Ihr seid hier zu Land wohl fremd? Wie es scheint, habt Ihr noch nicht gehört, dass unser König sich rüstet mit einem Heer von zwanzigtausend Mann. Seht, wir haben Feinde. Es ist eine schlimme Zeit! Wollt Ihr etwa unters Militär gehen?"
„Freilich, freilich", sprach der Jüngling, und sein Gesicht glänzte vor Freude. Als der Wirt sich entfernt hatte, zog er flugs seine ledernen Hosen aus, schüttelte sich ein Häuflein Goldstücke und kaufte sich kostbare Kleider und Waffen und Schmuck, tat alles an und ließ beim König um eine Audienz bitten. Und wie er in das Schloss kam und von zwei Kammerherren durch einen großen herrlichen Saal geführt wurde, begegnete ihnen eine liebliche junge Dame, die sich anmutig vor dem schönen Jüngling, der in der Mitte der Herren ging und sie zierlich grüßte, verneigte, und die Herren flüsterten: „Das ist die Prinzessin, die Tochter des Königs."
Der junge Mann war nicht wenig von der Schönheit der Königstochter entzückt, und seine Entzückung und Begeisterung ließen ihn keck und mutvoll vor dem König reden. Er sprach: „Königliche Majestät! Ich biete hiermit untertänigst meine Dienste als Krieger an. Mein Heer, das ich Euch zuführe, soll Euch den Sieg erfechten, mein Heer soll alles erobern, was mein König zu erobern befiehlt. Aber eine Belohnung bitte ich mir aus, dass ich, sofern ich den Sieg davontrage, Eure holde Tochter als Gemahlin heimführen dürfe. Wollt Ihr das, mein gnädigster König?"
Und der König erstaunte ob der kühnen Rede des Jünglings und sprach: „Wohl, ich gehe in deine Forderung ein.

Kehrst du heim als Sieger, so will ich dich als meinen Nachfolger einsetzen und dir meine Tochter zur Gemahlin geben."
Jetzt begab sich der ehemalige Hirte ganz allein hinaus auf das freie Feld und begann sein Schwert drauf und drein in die Erde zu stoßen, und in wenigen Minuten standen viele Tausende kampfgerüsteter Streiter auf dem Platz, und der Jüngling saß als Feldherr kostbar bewaffnet und geschmückt auf einem herrlichen Ross, welches mit goldgewirkten Decken behangen war. Der Zaum blitzte von Edelsteinen, und der junge Feldherr zog aus und dem Feind entgegen. Da gab es eine große Schlacht und aus dem Hut des Feldherrn donnerten unaufhörlich tödliche Schüsse, und das Schwert desselben rief ein Regiment nach dem andern aus der Erde hervor, so dass in wenigen Stunden der Feind geschlagen und zerstreut war, und die Siegesfahnen wehten. Der Sieger aber folgte nach und nahm dem Feinde auch noch den besten Teil seines Landes hinweg. Siegreich und glorreich kehrte er dann zurück nach Spanien, wo ihn das Glück noch erwartete. Die schöne Königstochter war nicht weniger entzückt von dem schmucken Jüngling gewesen, wie sie ihm im Saale begegnet war, als er von ihr. Und der König wusste die großen Verdienste des tapferen Jünglings auch gebührend zu schätzen, hielt sein Wort, gab ihm seine Tochter zur Frau und machte ihn zu seinem Nachfolger und Thronerben.
Die Hochzeit wurde prunkvoll und glänzend vollzogen, und der ehemalige Hirte saß ganz im Glück. Bald nach der Hochzeit legte der alte König Krone und Zepter in die Hände seines Schwiegersohns. Der saß stolz auf dem Thron und neben ihm seine holde Gemahlin, und ihr Volk jubelte ihnen zu.
Da dachte er an seinen so schön erfüllten Traum, und er dachte auch an seine armen Eltern, und sprach, als er wieder allein bei seiner Frau war: "Meine Liebe, sieh, ich habe

noch Eltern, aber sie sind sehr arm. Mein Vater ist Dorfhirte, weit von hier, und ich selbst habe als Knabe das Vieh gehütet, bis mir durch einen wunderbaren Traum offenbart wurde, dass ich noch König von Spanien werde. Und das Glück war mir hold. Sieh, ich bin nun König, aber meine Eltern möchte ich auch gern noch glücklich sehen. Deshalb möchte ich, mit deiner Zustimmung, nach Hause reisen und die Eltern holen."

Die Königin war's gerne zufrieden, und ließ ihren Gemahl ziehen, der sehr schnell vorankam, weil er die Siebenmeilenstiefel anhatte. Unterwegs stellte der junge König die Wunderdinge, die er den Räubern abgenommen, ihren rechtmäßigen Eigentümern wieder zu, bis auf die Stiefel. Er holte seine armen Eltern, die vor Freude ganz außer sich waren, und dem Eigentümer der Stiefel gab er dafür ein Herzogtum. Dann lebte er glücklich und würdig als König von Spanien bis an sein Ende, ganz so, wie er es einst im Traum geschaut hatte.

Vom weißen und vom roten Kaiser

Petru, der einzige Sohn eines sehr strengen Mannes, träumte einmal, er werde dereinst viel vornehmer werden als sein Vater, ja bis zum Kaiser steigen. Als ihn am anderen Morgen sein Vater fragte, warum er so ausgelassen heiter sei, wollte er es nicht sagen, denn er kannte den Vater wohl und wusste, dass er über so hochfahrende Hoffnungen unwillig sein, ihn vielleicht sogar bestrafen werde.

Das half ihm aber nichts, denn der Alte wurde nun über die Weigerung so aufgebracht, dass er seinem Sohn mit einer tüchtigen Tracht Schläge drohte, wenn er nicht mit der Sprache herausrücke.

So blieb dem armen Petru keine Wahl, als dem väterlichen Haus den Rücken zu kehren und in die weite Welt zu gehen. Damit er nicht erwischt werde, lief er einem nahen Walde zu, durch den sich an einem kleinen Fluss eine Landstraße hinzog. Als der Flüchtende sich nun weit genug vom Hause seines Vaters entfernt glaubte, setzte er sich bei einem Gebüsch nieder und fing an zu weinen, denn es rückte schon der Abend heran und der arme Knabe wusste nicht, wo er für die Nacht noch ein Obdach finden sollte.

Eben als die letzten Strahlen der Sonne die Zweige der Bäume vergoldeten, erhob sich von der einen Seite der Straße her eine Staubwolke, und ehe sich der betrübte Petru recht umschauen konnte, war schon ein Trupp Reiter an ihm vorüber gesprengt, welchem ein prächtiger, mit acht milchweißen Rossen bespannter Wagen folgte. In diesem saß ein sehr vornehm aussehender Mann, dessen feine Gewänder ebenfalls weiß wie Schnee waren und an der Krone, die er auf dem Haupte trug, sah Petru, dass er ein Kaiser sein müsse.

Als der vornehme Mann den weinenden Knaben sah, ließ er halten und fragte, was ihm fehle.
Sowohl die heitere, freimütige Weise, mit der Petru Bescheid gab, als auch die Neugierde, den geheimnisvollen Traum zu erfahren, bewogen den Kaiser, dass er dem Knaben anbot, er solle mit ihm in sein Schloss kommen und, wenn er ein treuer Diener sein wolle, bei ihm bleiben.
„Ich bin der weiße Kaiser", so schloss er seine Rede, „und kann dich groß machen, wenn du mir folgst!"
Was konnte sich Petru mehr und Besseres wünschen. Er fühlte sich überaus glücklich und küsste den Saum von des Kaisers Mantel. Darauf durfte er in den Wagen steigen und mit in das herrliche Schloss fahren. Als man dort angekommen war, erhielt Petru die Erlaubnis, es zu durchwandern und mit allen seinen Herrlichkeiten genau zu betrachten. Von allem aber, was er sah, gefiel ihm nichts besser, als des Kaisers schöne Tochter, von deren goldenen Locken er bald kein Auge mehr abwenden konnte. Bald gewöhnte sich auch die Prinzessin an Petru's Anblick, sie sah ihn so gern, dass er es wohl bemerken konnte, und natürlich war er darüber gar nicht böse.
Eines Tages nun begab sich's, dass der Kaiser nach der Tafel mit einem seiner Gelehrten in ein tiefsinniges Gespräch über Träume geriet. Da fiel von ungefähr sein Blick auf Petru. Er erinnerte sich, was ihm dieser zu Anfang ihrer Bekanntschaft von einem denkwürdigen Traum erzählt hatte, und wie er um dessentwillen von zu Hause entlaufen sei. Der Kaiser verlangte nun, der Jüngling solle sein Traumgesicht erzählen, aber Petru dachte: Diesen Traum kannst du dem Kaiser noch weniger erzählen als deinem Vater, denn der ließe dich sogleich hängen, weil er dächte, du trachtest nach seiner Krone. Er sprach daher zum Kaiser: „Oh großmächtiger Herr, verlange nicht zu wissen, was ich meinem eigenen Vater habe verschweigen müssen!"
Wie früher Petru's Vater, so wurde nun der weiße Kaiser

unwillig über die Weigerung und verlangte nochmals dringend, Petru solle seinen Traum erzählen. Aber Petru bat wieder: „Sei gnädig, Herr, und erlass es mir, den Traum zu erzählen."
Als der Kaiser darauf zum drittenmal und wieder umsonst sein Begehren ausgesprochen hatte, wurde er ganz bleich vor Zorn und rief seinen Dienern: „Nehmt diesen eigensinnigen Toren und sperrt ihn in die Ruinen der weißen Burg! Dort mag er an Hunger und Elend verschmachten!"
Als die Prinzessin dies hörte, sank sie vor Schrecken in Ohnmacht. Da hob der Kaiser die Tafel schnell auf, seine Tochter aber ließ er auf ihr Zimmer bringen. Petru, dem ohnehin schon alle Diener im Schlosse gram waren, weil ihm der weiße Kaiser stets Gnade widerfahren ließ, wurde nun schnell ergriffen und nach den Ruinen der weißen Burg gebracht, wo er dem Hunger und Elend preisgegeben werden und langsam ums Leben kommen sollte.
So wollte es der Kaiser, der ihn bald vergessen hatte, aber Gott wollte es nicht so. Denn die schöne Prinzessin vergaß ihn nicht so schnell wie ihr Vater, sondern sie schlich als es Abend war, und der volle Mond seinen Silberschein über die Fluren ergoss, zu ihrem armen Geliebten, brachte ihm zu essen und zu trinken und blieb einige Stunden bei ihm, so dass Petru über das Elend seiner Gefangenschaft schnell getröstet war. Sie hatten sich viel zu erzählen und zu sagen, so dass die Zeit schneller verging als ihnen lieb war, daher versprach die Prinzessin beim Abschied, sie wolle morgen um dieselbe Stunde wiederkommen.
Mehrere Male hatte sie so den geliebten Gefangenen durch ihre Besuche beglückt, da kam sie eines Abends mit rotgeweinten Augen und war sehr niedergeschlagen. Als Petru sie nach der Ursache ihrer Traurigkeit fragte, sprach sie: „Ach Petru, der rote Kaiser hat heute meinem Vater einen Stock zugeschickt, welcher oben und unten gleich dick ist und hat ihm durch seine Gesandten sagen lassen, wenn er

nicht binnen drei Tagen errate, welcher Teil des Stockes der obere und welcher der untere sei, so werde er ihn und sein Volk mit Krieg überziehen, unser Land verheeren und uns alle töten. Darüber ist mein armer Vater in Verzweiflung, denn wie kann er erraten, was an dem Stock oben und was unten ist, da er ja an beiden Enden gleich dick ist. Heute sitzt er schon den ganzen Tag mit seinen Räten zusammen, aber keiner von allen hat ihm die Aufgabe zur Zufriedenheit lösen können."

Wie sie also geendet hatte, fing sie wieder an zu weinen, Petru aber fragte: „Und ist denn weiter keine Aufgabe zu lösen, als die mit diesem Stock?"

Worauf die Prinzessin ihn groß ansah, denn sie hielt diese Frage für Spott. Als ihr Geliebter sie nochmals fragte, sagte sie: „Nein, ist dieses Rätsel denn nicht genug? Kein einziger von meines Vaters Ratgebern kann es lösen!"

„Wenn es dies ist und sonst nichts", erwiderte Petru auf den Vorwurf, den ihm die Geliebte machte, „so tröste dich und gehe schnell nach Hause, damit du in das Haus deines Vaters Freude bringst. Lege dich für heute schlafen und morgen, wenn du aufstehst, sprich zu deinem Vater: Liebster Vater, mir hat heute etwas sehr Wichtiges geträumt. Er wird dann fragen, was du denn geträumt hast? Dann rede weiter: Mir hat geträumt, wenn man den geheimnisvollen Stock, den der rote Kaiser an deinen Hof sandte, in die Höhe wirft, so berührt das untere Ende des Stockes zuerst den Boden."

Freudig und voll Vertrauen auf diesen Rat umarmte die Prinzessin ihren geliebten Petru und eilte nach Hause. Am anderen Morgen tat sie so, wie er ihr geraten hatte, und der Kaiser, der alles auf tiefsinnige Träume gab, ließ sogleich vor den Gesandten des roten Kaisers den Stock in die Höhe werfen, gerade so wie seine Tochter geträumt haben wollte. So wurde die ungeheure Aufgabe, an der sämtliche Räte, Gelehrte und Weisen des kaiserlichen

Hofes verzweifelt waren, auf einfache Weise gelöst. Alsbald reisten auch die fremden Gesandten ab, um ihrem Kaiser Bericht abzustatten.

Nicht lange dauerte es, da schickte der rote Kaiser dem weißen wieder eine Gesandtschaft. Die überbrachte drei Pferde von ganz gleicher Farbe, Gestalt und Stärke. Eines davon war ein Fohlen, und der weiße Kaiser sollte binnen drei Tagen erraten, welches von den dreien das Fohlen sei, ohne einem oder dem anderen ins Maul zu sehen. Könne er dieses nicht, so würde der rote Kaiser sofort mit einem großen Heer in sein Reich einfallen und alles zerstören und ums Leben bringen. Der weiße Kaiser erschrak sehr über diese Botschaft, rief sogleich wieder alle seine Gelehrten und Räte zusammen und trug ihnen auf, das Fohlen von den beiden anderen Pferden zu unterscheiden. Doch die Gelehrten und Räte sahen sich an und keiner wusste die Antwort zu sagen, so dass den weißen Kaiser große Angst befiel und er sich vor lauter Kummer nicht zu helfen wusste. Des abends ging die Prinzessin wieder zu den Ruinen der weißen Burg, wo ihr Geliebter gefangen war, und sie erzählte ihm von der Not, in der sich ihr Vater abermals durch den kriegslustigen, blutdürstigen roten Kaisers befinde.

Als Petru alles wohl vernommen hatte, streichelte er der Prinzessin die Wangen und tröstete sie: „Wenn du morgen aufstehst", sprach er, „so geh wieder zu deinem Vater und sag ihm, du habest geträumt, den drei Pferden sei auf dem Platz vor dem kaiserlichen Palast, als der ganze Hof und die Gesandten des roten Kaisers versammelt waren, Heu und eine Schüssel mit süßer Milch vorgesetzt worden. Du selbst habest bei der Schüssel mit Milch gestanden und als man die drei Pferde losgelassen habe, so seien zwei nach dem Heu, das dritte aber nach der Milch gelaufen, und dies sei das Fohlen. Wenn das dein Vater hört, dann wird er schnell nach deinem Traum die Frage lösen und den

Gesandten des roten Kaisers die Antwort geben können."
Die Prinzessin verabschiedete sich voller Freude von ihrem klugen Geliebten und tat am folgenden Tage genau so, wie er ihr geraten hatte.
Der Kaiser war natürlich über diesen Traum seiner Tochter wieder über alle Maßen begeistert, und er ließ, wie sie ihm geraten hatte, auf den Platz vor dem Palast Heu und eine Schüssel mit süßer Milch bringen. Der ganze Hofstaat und die Gesandten des roten Kaisers waren versammelt, dann gab er das Zeichen. Die Pferde wurden herbeigeführt und freigelassen. Sogleich wandten sich zwei dem Heu zu, das dritte dagegen lief zu der Schüssel mit Milch. Darauf sprach der Kaiser zu den Gesandten des roten Kaisers: „Geht heim, nehmt das Pferd, das die Milch getrunken hat, und sagt eurem Herrn, dies sei das Fohlen."
Die Gesandten nahmen die Tiere, verabschiedeten sich und zogen nach Hause. Insgeheim konnten sie die Klugheit des weißen Kaisers und seiner Räte nicht genug bewundern. Die Prinzessin aber konnte die Nacht kaum erwarten, in der sie zu Petru eilen und ihm um den Hals fallen durfte. Sie freute sich, dass er und nicht einer der Räte der weiseste Mann am Hofe ihres Vaters war.

Der rote Kaiser wütete vor Zorn, dass der weiße Kaiser auch seine zweite Frage beantwortet hatte. Er war nämlich der Meinung gewesen, das vermöge niemand, und er hatte sich im Herzen gefreut, dass es ihm nun nicht mehr an einem Vorwand fehle, den weißen Kaiser zu bekriegen und sein Reich zu erobern.

„Geht", sprach er zu seinen Gesandten, „und sagt dem weißen Kaiser, der Herr des roten Reiches will binnen drei Wochen von ihm folgendes wissen: Erstens, um welche Stunde er am Ostersonntag aus dem Bett steigen, zweitens, um welche Stunde er dann in die Kirche gehen und drittens, wann er bei seiner Tafel den ersten Becher zum Mund führen wird. Wenn der weiße Kaiser dies alles weiß, so mag er am Ostersonntag in der Burg des roten Kaisers erscheinen, um ihm den Becher, aus dem er trinken will, aus der Hand zu schlagen!"

Diese Dinge, so dachte der rote Kaiser bei sich, werde der weiße Kaiser sicher nicht erraten. „Nun geht, meine Gesandten, und kündigt meinem Feind an, dass ich ihn sogleich mit Krieg überziehen werde, wenn er nicht beantworten kann, was ich ihn durch euch frage."

Als nun die Gesandten zum dritten Mal am Hofe des weißen Kaisers erschienen und ihm diese Fragen stellten, wurden wieder alle Gelehrten und Räte zusammengerufen, um zu beraten, was zu tun sei. Aber auch diesmal wusste keiner Auskunft, und es herrschte aufs Neue die größte Bestürzung am ganzen Hof. Die Prinzessin allein ließ den Mut nicht sinken, weil sie fest auf die Klugheit ihres Geliebten, des gefangenen Petru baute. Heimlich ging sie wieder des nachts zu ihm. Nachdem sie ihrem Liebsten alles erzählt hatte, besann er sich eine Weile und sprach dann: „Liebste Prinzessin, sage morgen deinem Vater, du habest wieder einen Traum gehabt und dadurch erfahren, dass hier nur der arme Petru in den Ruinen der weißen Burg Rat schaffen könne."

Da ging die Prinzessin getröstet und voller Vertrauen auf Petru nach Hause.

Am anderen Tag sprach sie zu ihrem Vater: „Mein Vater und Kaiser, diese Nacht hat mir geträumt, dass der arme Petru, der wohl schon längst in den Ruinen der weißen Burg verschmachtet und vermodert ist, uns und das ganze Reich von der Bedrängnis erretten könne, mit welcher uns der böse rote Kaiser bedroht."

Darauf sprach der weiße Kaiser: „Meine Tochter, du hast uns mit deinen Träumen, welche gewiss von Gott kommen, schon zweimal aus großen Nöten errettet, und ich will daher auch dieses Mal auf deinen Traum hören. Darum sollen sogleich einige Männer zu den Ruinen der weißen Burg gehen und nachsehen, ob vielleicht jener Petru durch ein göttliches Wunder am Leben erhalten ist."

So geschah es, und bald kehrten die Boten mit der unglaublichen Nachricht zurück, dass Petru frisch und gesund und noch am Leben sei. Als dies in der Stadt bekannt wurde, strömte das ganze Volk hinaus zu den Ruinen der weißen Burg, um sich selbst von dem Wunder zu überzeugen und den längst vergessenen Petru wiederzusehen.

Unter lautem Jubel wurde der Held vor den weißen Kaiser gebracht, der ihn erstaunt und auch voller Freude anredete: „Lieber Petru, Gott hat dich vor dem grausamen Tod beschützt, den ich dir zugedacht hatte, und nun hat meine Tochter geträumt, dass du unser Reich vor dem Verderben retten kannst. Gelingt es dir tatsächlich, uns zu retten, dann will ich dir meine Tochter zur Frau geben. Sprich, was nötig ist, um mir und dem ganzen Reich aus der großen Bedrängnis zu helfen."

Petru sann eine Weile nach, dann sagte er: „Großmächtiger Kaiser, zuerst bitte ich nur, dass an der Grenze des Reiches ein hoher Turm gebaut werde. Dann lasst mir ein gutes Fernrohr anfertigen, und wenn das geschehen ist, soll alles übrige meine Sorge sein."

Was Petru wünschte geschah. An der äußersten Grenze des weißen Reiches wurde ein hoher fester Turm erbaut, von dessen Zinnen aus er mit seinem Fernrohr in das Schloss des roten Kaisers sehen konnte. Der Ostersonntag brach an, und Petru stand schon vor den ersten Sonnenstrahlen auf dem Turm, sein Fernrohr in der Hand, zu seiner Seite einige der Räte des weißen Kaisers. In demselben Augenblick, als sich die Morgensonne durch die Wolken am Horizont heraufdrängte, stieg auch der rote Kaiser aus seinem Bett. Petru sah dies durch sein Fernrohr und ließ die Stunde und Minute durch die Räte aufzeichnen. Als er den roten Kaiser näher betrachtete, erschrak er über dessen fürchterliches Aussehen, denn es soll der grausamste Wüterich seiner Zeit gewesen sein.

Sofort sprach er zu einem der Räte: „Gehe zu unserem Herrn, dem weißen Kaiser, und sage ihm, er möge eine Schar der tapfersten Krieger schicken, damit sie mich, wenn ich heute Mittag zum Schloss des roten Kaisers aufbreche, begleiten und sich nahe der Stadt in einem Versteck bereithalten."

Petru misstraute den blutgierigen Launen des roten Kaisers. Der weiße Kaiser gab auch, als er Petru's Botschaft erhielt, sogleich Befehl, es sollten sich fünfhundert Krieger mit einem tüchtigen Hauptmann bereit machen. Während dessen ging der rote Kaiser mit seinem ganzen Hofstaat zur Kirche, und wieder ließ Petru auf seiner Warte Stunde und Minute genau verzeichnen. Zum Kaiser sandte er abermals und ließ ihn um das schnellste Pferd aus dem kaiserlichen Stalle bitten, das ihm auch alsbald geschickt wurde. Als sich der rote Kaiser nach der Kirche mit seinem glänzenden Hofstaat wieder in den Palast begab, war dort alles aufs Prächtigste zu einem großen Fest bereitet, und er setzte sich an die Tafel. Da bestieg Petru das für ihn bereitgehaltene Pferd und flog mit verhängtem Zügel dem Palaste zu, und trat eben in den Speisesaal, als der Kaiser seinen Edelknaben den Befehl erteilt hatte, ihm seinen Festpokal mit Wein zu füllen.

Gerade als ihn der Herrscher des roten Reiches an die Lippen führen wollte, rief Petru mit gewaltiger Stimme: „Hoch, hoch! Der rote Kaiser will trinken!"

Damit riss er einem der Wächter die Lanze aus der Hand und stieß dem roten Kaiser den Pokal vom Munde. Dies alles war das Werk eines Augenblicks.
Wütend fuhr der rote Kaiser auf und befahl seinen Kriegern, den frechen Gast, dessen weiße Kleidung seinen Zorn nur noch vermehrte, zu ergreifen und niederzuschlagen. Aber Petru geriet dadurch nicht in Verwirrung, sondern sah den roten Kaiser mutig an. Dieser fragte nun Petru, wo er erfahren habe, dass er gerade jetzt den Becher zum Munde führe.
„Mein Gebieter, der weiße Kaiser, hat einen Turm bauen lassen, von dem aus ich in deinen Palast schauen konnte. So habe ich heute gesehen, wann du aufstandest, und wann du zur Kirche gingst, und auch ..."
„Halt ein!" rief der zornige Kaiser. „Für die Lösung der dritten Frage sollst du hängen, frecher Bursche. Am Galgen wirst du, überkluger Taugenichts, so hoch sein wie auf deinem Turm!"
Und er befahl seinen Dienern, sie sollten Petru ergreifen und ihn zum Galgen führen. Als dies geschehen war, sagte der Kaiser spottend zu seinem Gefolge: „Seht das weiße Osterlamm, das uns der weiße Kaiser gesandt hat."
Darüber wurde schallend gelacht. Der Zug war bald beim Richtplatz angekommen, und dem armen Petru schlug das Herz beim Anblick des Galgens bis zum Hals. Schon sollte er die Leiter hinauf, doch da weckte ihn der Schrei des roten Kaisers, der von einem Pfeil durchbohrt vom Pferde gesunken war, aus seinen Gedanken.
Kaum sah er ihn am Boden liegen, da schwirrten von allen Seiten Pfeile, und unter dem Ruf: „Hoch lebe der weiße Kaiser!" kamen die weißen Krieger aus ihrem Versteck. Petru nahm ein Schwert, drängte sich zum roten Kaiser und hieb ihm den Kopf ab.
Dann rief er die weißen Krieger zusammen, hieß einige von ihnen dem weißen Kaiser die Nachricht bringen, dass der

rote Kaiser tot sei, und führte sie gegen die rote Stadt, die er rasch besiegte.

Nicht lange danach begrüßte Petru den weißen Kaiser im Palaste des roten, als Beherrscher des roten und des weißen Reiches. Der weiße Kaiser nahm aber die Krone des roten Kaisers nicht an, sondern hieß Petru niederknien und setzte ihm die Krone aufs Haupt. Er ließ ihn als Herrscher des roten Reiches ausrufen und gab ihm seine Tochter zur Frau.

Einige Zeit später starb der weiße Kaiser, und Petru erhielt auch Krone und Zepter des weißen Reiches. Von nun an herrschte er über das rote und das weiße Kaiserreich und Freude und Friede waren dort, solange Petru und seine Frau lebten.

So erfüllte sich nun jener ferne Traum ...

Der rettende Traum

Der alte Fritz lag im Bett und schlief. Da sprach eine Stimme zu ihm im Traum: „König Friedrich, steh auf und geh stehlen, oder es kostet dich dein Leben!"
Der König erwachte und lachte über die seltsamen Worte, die er im Traum vernommen hatte, dann legte er sich auf die andere Seite und schlief wieder ein.
Kaum hatte er die Augen geschlossen, so erscholl die Stimme zum zweiten Male, und die Rede klang dringlicher: „König Friedrich, steh auf und geh stehlen, oder es kostet dich dein Leben!"
Der alte Fritz fuhr auf und dachte bei sich: „Was soll der Spuk? Nicht einmal im Schlaf habe ich Ruhe."
Nachdem er sich darauf eine Zeit lang schlaflos im Bett herumgewälzt hatte, wurden ihm endlich die Augen schwer, und er versank von neuem in Schlaf.
Es dauerte aber gar nicht lange, so sprach es zum dritten Male, laut und gebieterisch: „König Friedrich, ich sage dir, steh auf und geh stehlen, oder es kostet dich dein Leben!"
Jetzt wurde es dem alten Fritz nachdenklich zu Mute als er erwachte, und ihm bangte für sein Leben. Darum stand er auf, warf sich einen alten, abgetragenen Mantel um und ging in die finstere Nacht hinaus.

Im Schloss seines ersten Ratgebers war ein Fenster hell erleuchtet, und eine Leiter lehnte dort an der Wand; darauf stand ein Soldat, der schaute in die Stube hinein.
„Was machst du da oben?" fragte ihn der König leise.
„Ich schaue nur eben einmal in das Fenster hinein", erhielt er zur Antwort. „Im übrigen gehe ich heut Nacht aus, um zu stehlen, denn mit dem geringen Sold, den uns der König gibt, müssten ich und die meinen Hungers sterben."
„Nimm mich mit auf den Gang", bat der alte Fritz, „du

kannst mir glauben, mir und den meinen fehlt's auch an allen Ecken und Enden."

Der Soldat war damit einverstanden, stieg von der Leiter herab und sie wanderten zu zweien in die Stadt hinein auf den Marktplatz, wo die reichen Kaufleute ihre Läden haben. Bei dem größten zog der Soldat eine Wünschelrute unter dem Rocke hervor, und als er damit die Türe berührte, sprangen die festen Vorlegeschlösser von selbst auf, und sie gingen in den Laden. Ein Schlag mit der Gerte auf die eiserne Kasse, und der Deckel tat sich auf, und all das Gold und Silber des reichen Kaufmanns lag vor ihnen in dem Kasten. Von dem Geld machte der Soldat drei Teile, dann sprach er zum König: „Dieser Haufen ist das Geld, welches der Krämer zum Einkauf der Waren verausgabt hat. Dieser zweite ist sein rechtmässiger Gewinn, der dritte aber gehört ihm zu Unrecht, weil er ihn durch schlechtes Maß und falsches Gewicht erworben hat. Dieses Geld wollen wir ihm nehmen."

Sprachs und machte zwei gleiche Teile; davon schob er den einen dem alten Fritz in die Tasche, den andern nahm er für sich und seine Angehörigen in Beschlag.

Der alte Fritz rieb sich vor Verwunderung die Augen und kniff sich in die Ohren, als er das sah, denn er dachte er läge noch im Schlafe und träume. Endlich sprach er: „Guter Freund, kannst du mit deiner Wünschelrute alle Schlösser öffnen?"

„Gewiss", antwortete der Soldat, „alle ohne Ausnahme."

„Auch des Königs Schatzkammer?" forschte der alte Fritz weiter.

„Wenn ich es wollte, könnte ich's schon tun", versetzte sein Gefährte. „Aber ich mag nicht dahin gehen."

Da bat nun der alte Fritz so lange, bis der Soldat müde ward und mit ihm in des Königs Schloss ging. „Aber das sage ich dir vorher", sprach er zum alten Fritz, „rührst du auch nur ein Goldstück dort an, so geht es dir schlecht!"

Als sie vor der Schatzkammer waren, zog der Soldat wieder die Gerte hervor und schlug damit an das Schloss, und sogleich sprang es auf, und sie konnten nun sehen, wie das Gold scheffelweise in dem Zimmer aufgehäuft lag.

„Du willst den Kerl doch einmal auf die Probe stellen", sprach der alte Fritz bei sich, bückte sich und steckte einen Dukaten in die Tasche. Sogleich hatte er aber auch einen Schlag hinter die Ohren bekommen, dass ihm die Backe dick anschwoll.

„Schämst du dich nicht, Schlingel!" rief erzürnt der Soldat. „Der König muss uns alle ernähren und wer es nur kann, betrügt ihn, und nun willst du ihm gar noch das Geld aus der Schatzkammer stehlen? Auf der Stelle legst du den Dukaten wieder hin, wo du ihn hergenommen."

Nachdem der alte Fritz das getan, stieß ihn der Soldat zur Kammer hinaus und warf die Türe ins Schloss, dass er nur ja nicht wieder an das Stehlen denke. Draußen gab er ihm noch eine gute Mahnung auf den Weg, und dann trennten sie sich voneinander.

Dem König ging die Sache durch den Kopf, und nachdem er am andern Morgen aufgewacht war, ließ er den Soldaten kommen und sagte ihm auf den Kopf zu, dass er gestern Nacht ausgegangen sei zu stehlen und, dass er in seiner Schatzkammer gewesen sei. Anfangs verlegte sich der Soldat aufs Leugnen, als er aber dem König scharf ins Gesicht sah und auch die geschwollene Backe bemerkte, erkannte er, dass sein Gefährte von gestern niemand anders als der alte Fritz selbst gewesen sei. „Königliche Majestät", bat er darauf flehentlich, „lasst mir Gnade angedeihen, ich habe nicht gewusst mit wem ich ging."

„Du hast mir freilich übel mitgespielt", lachte der König, „aber da du meinen Schatz geschont hast, will ich dir verzeihen und den Galgen schenken. Aber die Wünschelrute lass bei mir, sonst könntest du doch einmal in Versuchung geraten."

Der Soldat gab dem alten Fritz die Gerte und dankte ihm, dass er sein Leben geschont habe. Dann sagte er: „Königliche Majestät, Ihr habt mir mein Leben geschenkt, so will ich Euch das Eure erhalten."

„Wie meinst du das?" fragte der König.

„Gestern Nacht, als Ihr mich auf der Leiter traft", antwortete der Soldat, „sah ich in ein hell erleuchtetes Zimmer. Da stand Euer erster Ratgeber mit seiner Frau, und sie berieten, wie sie den Herrn König umbringen könnten, um selbst die Krone zu erlangen. Endlich wurden sie dahin eins, dass der Herr König bei dem Gastmahl, das Ihr heute Abend bei dem Ratgeber einnehmen werdet, mit dem ersten Becher Wein vergiftet werden solle."

Der alte Fritz wurde weiß, wie der Kalk an der Wand, als er das hörte, und dachte an seinen Traum. Er befahl dem Soldaten zu schweigen und wartete ab bis der Abend herankam. Vergnügt und heiter, als ob er von nichts wüsste, ging er zu dem Schmaus, den der erste Ratgeber ihm hergerichtet hatte, und als dieser aufstand und ihm im goldenen Becher den Wein reichte, erhob er sich und sprach: „Ihr Herren, mein erster Ratgeber hat mir schon viele Jahre treu gedient, und ich weiß nicht mehr, womit ich ihm das lohnen soll. Heute will ich ihm größere Ehre antun, als je zuvor einer von mir genossen, er soll mit seiner Frau den köstlichen Wein trinken, den er mir soeben gereicht hat."

Der erste Ratgeber meinte, das sei zu viel Ehre für ihn und er habe nur getan, was ein treuer Diener seinem König schuldig sei.

Aber sein Sträuben half ihm nichts, er musste trinken. Mit Zittern und Beben setzte er den Becher an den Mund, und kaum hatte er den ersten Schluck getan, so sank er zu Boden und gab den Geist auf. Und ebenso erging es auch seiner Frau.

Da erzählte der alte Fritz den anderen Herren seinen Traum und wie er in der Nacht stehlen gegangen war und dadurch hinter des ersten Ratgebers böse Ränke und Schliche gekommen sei. Auch den Soldaten ließ er herbeirufen und gab ihm Geld, so viel er haben wollte, dass er es fortan nicht mehr nötig hatte, mit dem Geld, das andere veruntreuen, seinem kargen Sold aufzuhelfen.

Brauchtum & Aberglaube zum Traum

Von der Deutung von Träumen für künftige Ereignisse berichtet uns die Bibel: Schon in der Genesis sind es nicht nur die Träume Josephs in Ägypten, sondern auch die seiner Mitgefangenen und anderer Personen, die eine wichtige Rolle für die Zukunft des Landes und das Schicksal dieser Personen spielen.
Im 1. Kapitel des Matthäus-Evangeliums hat Gott bei der Geburt Jesu Christi seinen Willen mehrfach in Träumen den verschiedensten Personen kundgetan.
So ist es nicht erstaunlich, dass man sich für die Traumdeutung auf die Autorität der Heiligen Schrift berief, wenn das Wahrsagen aus Träumen von der Kirche angegriffen wurde.

Was und wie der Mensch ist, so träumt er, steht im Talmud, dem nachbiblischen Werk der Juden.

Träumt man vor Mitternacht, so erfüllen sich die Träume erst später. Träume nach Mitternacht erfüllen sich schon bald. Allgemein war man der Ansicht, Träume seien am wahrhaftigsten, wenn sie nach Mitternacht gegen Morgen geträumt werden. Nach einem anderen Glauben sind Träume in der ersten Nacht nach dem Vollmond am bedeutsamsten, oder auch in der Weihnachts- oder Neujahrsnacht, wie überhaupt in den Zwölfnächten (das sind die Rauhnächte).

In manchen Gegenden war es Brauch, dass eine besonders mutige Person die erste Nacht in einem neuen Hause alleine zubrachte. Widerfuhr ihr nichts Schlimmes, wurde sie namentlich nicht durch böse Träume gequält, so konnte das Haus ohne Gefahr bezogen werden.

Was man am Einzugstag in das neue Haus träumte, das ging in Erfüllung.

Will man sich vor schlechten und bösen Träumen sichern, muss man sich beim Schlafengehen in der Mitte des Zimmers entkleiden und dann rückwärts ans Bett gehen und sich hineinlegen.

Wenn ein Mädchen wissen wollte, ob ihr der Liebhaber auch treu ist, tanzte sie an Johanni um Mitternacht nackend um eine Pflanze. Von dieser Pflanze nahm sie sich Blätter mit und legte sie unter das Kopfkissen. Dann erfuhr sie im Traum, ob ihr der Liebhaber treu war.

Wenn einem träumt, wie er plötzlich entblößt wird und wie seine Scham von jedermann gesehen wird, dessen Geheimnis wird offenbar werden, und er selbst wird geschändet werden und geplagt.

Wenn man im Traum einen nackten Mann sieht, der mit Lampenruß oder Öl gesalbt ist und auf einem Kamel oder Esel mit offenem Haar nach Süden reitet, so wird dieser Mann bald sterben.

Wenn die Frau während der Schwangerschaft den Namen ihres zukünftigen Kindes träumt, so ist dieser Name glücksbringend.

Träumt man von Garn, Vogelleim und den Pfeifchen der Vogelsteller, so bedeutet das Wiedereinfangen der Flüchtlinge, Wiedererlangung des Verlorenen und Erfüllung unserer Hoffnungen.

Musik im Traum vernommen bedeutet Zank, der uns nichts angeht; üben wir sie jedoch selbst aus, so bricht der Zank über uns herein. Bläst man im Traum auf einer Schalmei, Trompete oder einem ähnlichen Instrument, so bedeutet dies Offenbarung heimlicher Dinge, auch Traurigkeit und Unmut; einem Kranken weissagt es den Tod. Auf Saiteninstrumenten spielen und lustig dazu singen bedeutet Gutes für den, der ein Fest abhalten will.

Wenn man häufig von Toten träumt, soll man seine Schuhe herschenken, dann suchen einen solcherlei Träume nicht mehr heim.

Wenn sich ein Mädchen in der Christ- oder Thomasnacht aus Teig ein Leiterchen macht und dieses an sein Bett stellt, wird sie im Traume ihren Zukünftigen daran hochklettern sehen.

Streit und Zank ist zu erwarten, wenn man von Eiern, zumal von faulen, träumt oder von Essigtrinken, auch von Mehl und Bohnen, Heu oder Geld, Wäsche, weiter von Hun-

den und von Katzen, besonders falls sie den Träumenden beißen, von Raben, Schlangen, schwarzen Gäulen, von Läusen oder kleinen Fischen - wer im Traum Fische fängt hat Streit zu erwarten; sind es faule Fische, ist der Ausgang böse, sind es frische, günstig.

Sieht man im Traume Speck oder Würste, steht ein unangenehmer Besuch bevor.

Man sagte, dass Träume in Erfüllung gehen, wenn man sie dreimal träumt, oder wenn man sie in der Geburtstagsnacht träumt.

Wenn man um Mitternacht einen Fisch isst, so sollte der nächste Traum in Erfüllung gehen.

Wollte man jemandem, den man nicht mochte, einen unerfreulichen Traum verschaffen, so legte man ihm heimlich ein Bockshorn unter das Kopfkissen.

Lattich sowie den Wurzeln der weißen Seerose schrieb man vorbeugende Wirkung gegen sexuell erregende Träume zu, Sellerie sollte dagegen solche Träume auslösen.

Mädchen legten entweder Leinsamen oder vierblättrigen Klee oder einen nicht berührten Kranz - der mit Hilfe eines gespaltenen Holzes geflochten wurde - unter das Kopfkissen und erwarteten daraufhin, ihren künftigen Ehemann im Traum zu sehen.

Träumt man im Winter von Äpfeln, so bedeutet dies die Ankündigung eines Todesfalles, nach anderem Glauben jedoch Liebesglück.

Träume von Blutegeln verheißen finanziellen Gewinn, während Bohnen im Traum von Streit, Verdruss und Not künden.

Träumt man von einem Butterbrot, so kann man einen Brief erwarten, fällt man im Traum vom Dach, so wird man wachsen.

Fische im Traum gesehen, vor allem kleine, künden von Streiterei und Verdruss. Wer faule Fische fängt, dessen Streit endet schlimm bei frischen gibt es ein gutes Ende. Nach anderem Glauben sollte man mit Schlangen zu tun bekommen. Von Fischen zu träumen sollte auch auf den Tod eines Bekannten oder Hausgenossen hindeuten: bei einem kleinen Fisch ein Kind, bei einem großen ein Erwachsener. Träumt eine Schwangere von einem Fisch, so glaubte man, dass ihr Kind stirbt. Anderwärts meinte man, dass von Fischen kommende Träume gute Nachrichten anzeigten, auch Geld. Verschiedentlich galten diese Träume als Regenankündigung.

Träumt man von Honig, so wird man Dinge bekommen, auf die man vorher nicht zu hoffen gewagt hatte. Findet man dagegen die eigenen Kleider nicht im Traum, so wird man irgendwohin gehen wollen, aber nicht ankommen.

Perlen im Traum gesehen kündigen Tränen an und falls einem im Traum ein Pfarrer erscheint, bedeutet dies Streit und Verdruss im Haus, ebenso ist dies, wenn einem träumt, das Salz sei vom Tisch auf den Boden gefallen. Träumt ein Kranker, er esse viele Zwiebeln, so wird er gesund; träumt er aber, er esse wenig Zwiebeln, so stirbt er, denn die Verstorbenen weinen wenig. Träumt man, man werde mit Zwiebeln gekrönt, so bedeutet das Gewinn, für die Nahestehenden aber Schaden.

Wenn man im Traume ein helles Feuer brennen sieht, wird man bald zu einer Hochzeit eingeladen.

Wenn man von einem Toten träumt, so soll man den Traum binnen 24 Stunden nicht weiter erzählen.

Wenn man von Pferden oder kleinen Kindern träumt, so bekommt man Ärger.

Fängt ein Schläfer im Traume zu sprechen an, so erfasse man seine große Zehe, und frage ihn, wonach man will, er gibt dann auf alle Fragen Auskunft und verrät selbst seine geheimsten Angelegenheiten.
Doch darf man ihn nicht bei seinem Taufnamen nennen, denn davon erwacht er leicht.

Rat von den Ahnen konnte erhalten, wer sich bei den Gräbern seiner Ahnen zum Schlafe niederlegte.

In nüchternem Zustand soll man nicht von schlimmen Träumen erzählen, weil sie sonst in Erfüllung gehen - gute Träume soll man jedoch auch nicht erzählen, weil sie sonst nicht in Erfüllung gehen. Das zeigt die nachfolgende Sage: In einer Nacht träumte der Frau eines Bergmanns, ihr Mann stürze in die Grube und komme um. Beim Aufstehen erzählte sie ihrem Manne den Traum; dieser fuhr aber dennoch ein. Einige Stunden darauf erhielt die Frau die Nachricht, dass ihr Mann in der Grube umgekommen sei, und bald nachher ward ihr auch die Leiche desselben ganz zerschmettert ins Haus getragen. In der nächsten Nacht erschien der Umgekommene seiner Frau in leibhaftiger Gestalt und stand vor ihrem Bette. Diese erschrak gewaltig, doch er sprach zu ihr, sie möge ruhig sein und wohl aufmerken; denn er habe ihr ein ernstes Wort zu sagen. Darauf sprach er folgendes:

    „Erzähle keinen Traum
    Und schäle keinen Baum
    Und röste kein Brot,
    So wird Gott helfen in aller Not.
    Hättest du deinen Traum verschwiegen,
    So wäre dir dein Mann geblieben."

Damit verschwand er und erschien nicht wieder.

Die drei Träume

Drei wandernde Gesellen kamen überein, sie wollten alle Dinge gemeinsam haben: Speis und Trank, Nutzen und Schaden wollten sie miteinander teilen. Zwei davon hatten's aber hinter den Ohren und hielten heimlich zusammen, dass sie den Dritten, der ein einfältiger Geselle war, über den Löffel balbierten. Als sie ein paar Tage miteinander gegangen waren, kamen sie in eine einsame Gegend und verloren den Weg. Da litten sie große Not. Alle Nahrung war ihnen ausgegangen, und es war nur noch etwas Mehl da. Sie beschlossen, davon einen Kuchen zu backen.

Während aber der Einfältige das Feuer dazu anzündete, ratschlagten die beiden anderen, wie sie es vorkehren möchten, dass sie den Kuchen unter sich allein teilen und den Einfältigen um seinen Teil betrügen könnten.

Da sagte der eine: „Weißt du was, Bruderherz? Wir machen ihm den Vorschlag, dass wir alle drei schlafen wollen, bis der Kuchen gebacken ist. Wenn wir aufwachen, so soll ein jeder erzählen, was er geträumt hat, und wer dann den wunderlichsten Traum erzählen kann, dem soll der Kuchen gehören."

Gesagt, getan. Die Zwei schliefen gleich ein. Den Einfältigen hielt dagegen der Hunger wach, und kaum sah er, dass der Kuchen gebacken war, so machte er sich herzu und aß ihn auf. Es ist kein Brosamen übrig geblieben. Hernach legte er sich aufs Ohr.

Alsbald wachte der eine der Gesellen auf und rief seinem Kameraden zu: „Freue dich, Bruderherz, mir hat Wunderliches geträumt. Denke dir, es war mir, als ob ein Engel mit goldenen Flügeln mich vor Gottes Thron mitten ins Himmelreich geführt hätte."

Da sprach der andere: „Ei! Und mir hat geträumt, der Teufel habe mich in die Hölle hinab geführt, und mir da der armen Seelen Pein gezeigt. Was kann einem Wunderlicheres träumen? Der Kuchen ist unser!"
Hierauf weckten sie den Einfältigen mit dem Ellbogen auf und fragten: „Wie lange willst du noch schlafen? Sag her, was hat dir geträumt?"
„He da", rief der Einfältige und streckte sich, „wer ruft mich?"
„Wer sonst als deine Gesellen?"
„Aber", fragte der Einfältige weiter, „wie seid ihr denn wieder hergekommen?"
„Wo sollten wir gewesen sein?" fragten die Gesellen. „Ich glaube, guter Freund, es ist nicht ganz richtig in deinem Oberstübchen."
„Freilich ist's", antwortete der Einfältige, „aber da hat's mir so kurios geträumt. Ich habe die hellen Tränen um euch geweint, weil ich meinte, ich hätte euch schon verloren. Es träumte mir, einer von euch sei ins Himmelreich gefahren und der andere ins Teufels Revier. Weil man aber noch selten von einem gehört hat, dass er von diesen Gegenden wieder heimgekommen sei, so hab' ich mich getröstet so gut ich konnte und in Gottes Namen den Kuchen aus dem Feuer genommen und gegessen. Nehmt nichts für ungut."

Der Traum vom Glück auf der Brücke zu Koblenz

Ein Bewohner des am Hochwald gelegenen Dorfes Alt-Rinzenberg hatte einst drei Nächte hintereinander den gleichen Traum. Eine Stimme rief ihm zu:
> Zu Koblenz auf der Brück',
> Da blüht dir dein Glück!

Als der Mann den Traum seinen Verwandten erzählte, drangen diese so lange in ihn, bis er sich nach Koblenz aufmachte, um das Glück zu suchen. Dort begab er sich sofort auf die alte Moselbrücke, an der das Trierische Schloss stand, und ging hier auf und ab, das Glück erwartend, das sich aber nicht einstellen wollte.

Eben gedachte er, denn es war schon gegen Abend, voll Ärger über die unnötigen Ausgaben und die beschwerliche Reise, wegzugehen, als ein Soldat, der auf der Brücke Schildwache stand, auf das sonderbare Gebaren des unruhig hin- und hergehenden Bauern aufmerksam wurde, ihn anredete und fragte, was er eigentlich hier suche.

„Ach", erwiderte der Bauer, „da hörte ich dreimal hintereinander im Traume:
> Zu Koblenz auf der Brück',
> Da blüht dir dein Glück!

Und nun laufe ich schon den ganzen Tag hier auf und ab, aber vom Glück habe ich noch nichts gesehen."

Da lachte der Soldat und sagte: „Auf Träume darf man überhaupt nichts geben. Da träumte mir immer, in Rinzenberg steht in einer alten, zerfallenen Zisterne ein Kessel mit Gold. Aber soviel ich auch gefragt habe, kein Mensch kann mir erklären, wo Rinzenberg liegt, das gibt's ja gar nicht."

„Ah", dachte der Bauer, „bläst der Wind daher! Jetzt weiß ich genug."

Er verabschiedete sich schnell und machte sich auf den weiten Heimweg. Zu Hause fand er den Schatz richtig an der bezeichneten Stelle, hob ihn und erbaute weitab von seinem Dorf, am Eberswalde, nahe bei dem damals berühmten Sauerbrunnen, drei schöne Häuser und gründete so Neu-Rinzenberg, das unter dem Namen Rinzenberg heute noch besteht, während Alt-Rinzenberg verfiel und bald völlig verschwunden war.
Im Volk will man noch die Stelle genau wissen, wo der Weiler einstens gestanden war.

Der Traum des Oenghus

Oenghus, der von den Göttern abstammte, hatte eines Nachts einen sonderbaren Traum: Eine wunderschöne Jungfrau trat an sein Lager. Sie war so schön, wie man noch keine in Irland je gesehen hatte. Als er ihr aber in die Augen sah und sie bei der Hand fassen wollte, da war sie auf einmal verschwunden.
Den ganzen Tag über musste Oenghus an diese Erscheinung denken. Er ging wie im Schlaf umher, aß nicht und trank nicht.
In der folgenden Nacht kehrte die Jungfrau wieder. Sie trug eine Harfe in der Hand, und sie spielte ihm die wundersamsten Weisen vor. Wieder entschwand sie, als er sich ihr nähern wollte.
Oenghus verzehrte sich vor Sehnsucht nach ihr und konnte keinen Bissen zu sich nehmen.
In der dritten Nacht erschien ihm die Jungfrau wiederum, und wieder konnte er ihr die Hand nicht reichen, denn wieder entzog sie sich ihm.
So ging es ein ganzes Jahr lang, und Oenghus erkrankte darüber schwer. Er sprach aber mit niemandem über seinen Traum. Die Ärzte von ganz Irland wurden an sein Krankenlager gerufen. Keiner aber konnte seine Krankheit erkennen, keiner wusste Hilfe.
Endlich rief man nach Finghin, des Hochkönigs Arzt. Finghin war ein Druide. Er besaß die Gabe, die Krankheiten und Leiden der Menschen zu erkennen, wenn er ihnen ins Gesicht blickte. Er konnte am Rauch, der aus dem Kamin steigt, sehen, wieviele Menschen in einem Hause krank sind.
Finghin sah Oenghus lange in die Augen und sprach: „Ich weiß, woran du leidest. Du liebst eine Frau, die dir unnah-

bar fern ist und doch nahe. Schwer krank bist du und hast nicht gewagt, jemandem von deinem Kummer zu erzählen."

„Ihr sprecht wahr, groß ist Eure Weisheit", antwortete Oenghus. „Jede Nacht kam eine wunderschöne Jungfrau, sie spielte mir auf der Harfe die wundersamsten Weisen vor, und immer wenn ich ihr die Hand reichen wollte, verschwand sie."

„Die Jungfrau, die jede Nacht an dein Lager tritt, ist die Braut, die dir vorbestimmt ist. Sei getrost, es wird der Tag kommen an dem du sie finden wirst." Dann befahl Finghin, dass man nach der Mutter des Oenghus schicken solle, damit sie ihren Sohn pflege. In ganz Irland aber suchte man nach einer Jungfrau, die in Gestalt und Antlitz derjenigen gleiche, die des Nachts dem Oenghus erschien.

Ein ganzes Jahr lang suchten Boten nach einer solchen Jungfrau, doch sie suchten vergeblich. Oenghus aber erkrankte schlimmer als je zuvor. In ihrer Not ließ die Mutter noch einmal nach Finghin rufen und sprach zu ihm: „Großer Druide, die Jungfrau, nach der mein Sohn sich vor Sehnsucht verzehrt, konnte man in ganz Irland nicht finden. Oenghus aber ist kränker als je zuvor. Hilf uns!"

Da antwortete Finghin: „Daghdae, der Vater des Oenghus, der König der hohlen Hügel, der Gott der Feen, soll seine Boten zum Feenkönig von Munster senden. Groß ist dessen Weisheit, und er wird einen Rat wissen."

So geschah es. Als Daghdaes Boten beim Feenkönig zu Munster anlangten, hieß der sie freundlich willkommen und fragte nach ihrem Begehr.

„Ach", antworteten die Boten, „Oenghus, der Sohn des großen Daghdae, ist krank vor Sehnsucht, und niemand vermag ihm zu helfen. Im Schlaf besucht ihn jede Nacht eine wunderschöne Jungfrau. Er kann sie aber niemals erreichen. Überall in ganz Irland ließ man nach jener Jungfrau suchen, aber alles Suchen war vergeblich."

„Gebt mir ein Jahr Zeit", antwortete der Feenkönig von Munster, „und ich werde alles tun, was in meiner Macht steht, um die Jungfrau zu finden."
Als nun das Jahr vorüber war, ging Daghdae selbst zum Feenkönig von Munster.
Als dieser ihn kommen sah, rief er aus: „Groß war die Mühe, die Ihr mir bereitet habt. Lang war die Suche, und weit war der Weg. Endlich, endlich fand ich eine solche Jungfrau. Sie lebt auf dem See, den man seit altersher den Drachensee nennt. Lass deinen Sohn nun selbst zu mir kommen."
Also wurde der kranke Oenghus auf einem Wagen zum Feenkönig von Munster gebracht. Der König hieß ihn freundlich willkommen, und er war drei Tage dessen Gast.
Dann sprach der Feenkönig zu Oenghus: „Komm nun mit mir zum Drachensee, Oenghus. Dort lebt deine Braut. Du sollst sie sehen. Es ist mir aber nicht gegeben zu veranlassen, dass sie bei dir bleibt."
Er brachte Oenghus zum Ufer des Drachensees. Da sahen sie dreimal fünfzig wunderschöne Jungfrauen, jeweils zwei waren mit einer silbernen Kette aneinandergebunden. Unter ihnen befand sich die Braut des Oenghus, und er erkannte sie sogleich.
„Sag mir, großer König, wer ist sie?" rief er aus.
„Es ist Caer, die Tochter Ethals, des Elfenkönigs", antwortete jener.
Da gingen die Boten Daghdaes zu Ethal. Zuerst weigerte sich dieser, seine Tochter dem Oenghus zur Frau zu geben. Als sie aber mehrmals baten und schließlich drohten, sprach Ethal endlich: „Ich kann über Caer nicht verfügen, denn ihre Zauberkraft ist größer als meine."
„Worin besteht diese Zauberkraft?" fragten begierig die Boten.
„Ein Jahr hat sie die Gestalt eines Menschen, das andere Jahr aber hat sie die Gestalt eines Vogels."

„In welchem Jahr ist sie denn ein Vogel?" wollten Daghdaes Männer wissen.

Ethal aber verweigerte ihnen die Antwort. Weil sie aber immer mehr in ihn drangen und baten, verriet er ihnen Caers Geheimnis doch und sprach: „Zum nächsten Halloween, dem Tag der Elfen und Gespenster, wird sie am Drachensee in Gestalt eines Vogels sein. Wunderbare Vögel werden um sie sein, dreimal fünfzig Schwäne an der Zahl."

Da kehrten Daghdaes Boten nach Hause zurück und meldeten, was sie in Erfahrung gebracht hatten. Daghdae ließ seinen Sohn zu sich kommen und erzählte ihm alles. Da ging Oenghus beim nächsten Halloween zum Ufer des Drachensees. Und er sah dreimal fünfzig weiße Schwäne auf dem Wasser und immer zwei waren mit silbernen Ketten aneinandergebunden. Da rief Oenghus nach seiner Geliebten, und siehe, einer der Schwäne verwandelte sich in eine wunderschöne Jungfrau und sprach: „Du bist Oenghus, ich habe dich erkannt."

„Komm zu mir, Caer!"

„Ich werde den See verlassen und zu dir kommen, wenn du mir versprichst, dass du mich wieder ins Wasser zurückkehren lässt, wenn ich es wünsche."

„Ich verspreche es dir."

Da stieg die schöne Jungfrau aus dem Wasser und ging zu Oenghus. Sie umarmten und küssten sich und schliefen endlich in Gestalt von zwei Schwänen ein. Als sie erwachten, schwammen sie zusammen dreimal um den See, auf dass das Versprechen erfüllt werde. Danach aber erhoben sie sich in die Lüfte und flogen davon. Sie flogen

zum Hause von Oenghus' Vater, des großen Gottes. Auf dem Wege dorthin aber sangen sie ein Lied, so wunderschön, dass alle, die es hörten, in einen dreitägigen tiefen Schlaf versanken.
Von nun an blieb die wunderschöne Schwanenjungfrau für immer bei Oenghus.

Ulrike Krawczyk, Jahrgang 1953, studierte Germanistik und Linguistik an der Universität Stuttgart. Zusätzlich ließ sie sich in Sprecherziehung und Stimmbildung an der Musikhochschule Stuttgart und an der freien Musikschule in München ausbilden. Ihr besonderes Interesse galt dabei dem Märchen; ein Interesse, das bereits seit der Kindheit durch ihre Mutter, die Märchenerzählerin Sigrid Früh, geweckt wurde.

Diese Fußstapfen hat Ulrike Krawczyk längst verlassen und bereits zahlreiche Märchensammlungen veröffentlicht, unter anderem „Zauberpferd und Nebelriese", Verlag Fischer TB; „Die Franken-pauschal", Verlag Fischer TB.

Seit 10 Jahren erzählt sie Märchen und hält Seminare bei verschiedensten kulturellen Anlässen, Kulturtagen und Märchenwochen.

Literatur:
* Die Traumbuche; Richard von Volkmann-Leander: Träumereien an französischen Kaminen, Leipzig 1878
* Der schlafende Hof; Pramberger, Romuald: Märchen aus der Steiermark, Seckau 1946
* Der goldene Dragoner; neu erzählt von Sigrid Früh, die das Märchen 1946 von einem südfranz. Kriegsgefangenen hörte
* Vom Prior, der 308 Jahre geschlafen hat; Dr. J. Jegerlehner: Was die Sennen erzählen, Märchen und Sagen aus dem Wallis, Bern 1903
* Die Boten des Todes; Grimm: KHM Ausg. letzter Hand, Göttingen 1857
* Wie eine Königstochter sieben Jahre geschlafen; Friedrich Kreutzwald: Estnische Märchen, übersetzt von F. Löwe, Halle 1869
* Wie Karlsruhe entstand und zu seinem Namen kam; Baader, Bernhard: Volkssagen aus dem Lande Baden und den angrenzenden Gebieten, 1851
* Der Faulkönig; Wisser, Wilhelm: Dt. Volksmärchen
* Die Erweckung der schönen Dörte; Blunck, Hans Friedrich, Hamburg
* Das Schrattweible von Oberstdorf; K. Reisser: Sagen, Gebräuche und Sprichwörter des Allgäus, Kempten 1834
* Wie ein Alp geheilt wurde; Leander Petzoldt: Deutsche Volkssagen, München 1970
* Der glückliche Martin; Gehnert Hellis: Baltische Märchen, Teil II, Estnische Volksmärchen und Sagen, Hannover 1964
* Der Mann, der nicht schlafen konnte; U. Hinglais: Contes populaire, 1867, übersetzt und bearbeitet von Marlies Hörger
* Des kleinen Hirten Glückstraum; Ludwig Bechstein: Deutsches Märchenbuch, 1857
* Vom weißen und vom roten Kaiser; Arthur u. Albert Schott: Walachische Märchen, Stuttgart 1845
* Der rettende Traum; Jahn Ulrich: Volksmärchen aus Pommern u. Rügen, Norden u. Leipzig, 1891
* Die drei Träume; Zaunert, Paul: Dt. Märchen seit Grimm, Jena 1912
* Der Traum vom Glück auf der Brücke zu Koblenz; Kölchmeyer: Die Sagen von der Saar, Blies, Nahe, vom Hunsrück, Soon- und Hochwald, Saarbrücken o.J.
* Der Traum des Oenghus; M. d'Arbois de Jubainville: Le cycle Mythologique Irlandais et la Mythologique Celtique, Paris o.J.

* zu Aberglauben und Brauchtum:
  Deutscher Aberglauben, Handwörterbuch, Berlin u. Leipzig, 1927-42
  E. Meier: Deutsche Sagen, Sitten und Gebräuche aus Schwaben, a.a.O
  A. Birlinger: Volkstümliches aus Schwaben, Freiburg 1861-62
  Handbuch des Aberglaubens, Wien 1996
  Sagen, Gebräuche und Sprichwörter des Allgäus, Kempten 1834
  Handbücher zur Volkskunde, Sitte und Brauch, Bd.V, Leipzig 1910
  Volkssagen, Erzählungen, Aberglaube, Gebräuche und Märchen aus Hinterpommern, Posen 1885

Sigrid Früh
Die Elemente des Lebens
Märchen, Brauchtum, Aberglaube

168 Seiten · illustriert
ISBN 3-926789-33-6

Sigrid Früh
Der Mond
Märchen, Brauchtum, Aberglaube

128 Seiten · illustriert
ISBN 3-926789-29-8

Sigrid Früh
Rauhnächte
Märchen, Brauchtum, Aberglaube

100 Seiten · illustriert
ISBN 3-926789-24-7